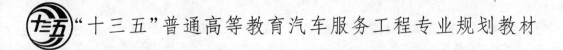
"十三五"普通高等教育汽车服务工程专业规划教材

汽车评估

（第 2 版）

闫晟煜　张新锋　主　编
　　　　　肖润谋　主　审

人民交通出版社股份有限公司
China Communications Press Co.,Ltd.

内容提要

本教材是"十三五"普通高等教育汽车服务工程专业规划教材,涵盖了汽车评估教学领域的主要内容,包括二手车评估的基本要素、二手车行业评估现状、二手车价值评估、二手车技术状况鉴定、二手车鉴定评估报告的撰写、二手车交易和运作等内容;相较上版教材,增加了二手商用车评估范畴,以及与乘用车评估不同点的剖析内容。

本教材可作为汽车服务工程系本科生教学使用,也可以作为二手车鉴定评估工作人员的参考书目和基础资料。

图书在版编目(CIP)数据

汽车评估/闫晟煜,张新锋主编. —2 版. —北京:
人民交通出版社股份有限公司,2018.8
 ISBN 978-7-114-14873-6

Ⅰ. ①汽… Ⅱ. ①闫… ②张… Ⅲ. ①汽车—评估
Ⅳ. ①U472

中国版本图书馆 CIP 数据核字(2018)第 192439 号

书　　名:	汽车评估(第 2 版)
著 作 者:	闫晟煜　张新锋
责任编辑:	李　良
责任校对:	张　贺
责任印制:	张　凯
出版发行:	人民交通出版社股份有限公司
地　　址:	(100011)北京市朝阳区安定门外外馆斜街 3 号
网　　址:	http://www.ccpress.com.cn
销售电话:	(010)59757973
总 经 销:	人民交通出版社股份有限公司发行部
经　　销:	各地新华书店
印　　刷:	北京市密东印刷有限公司
开　　本:	787×1092　1/16
印　　张:	8.75
字　　数:	210 千
版　　次:	2008 年 7 月　第 1 版
	2018 年 8 月　第 2 版
印　　次:	2018 年 8 月　第 2 版　第 1 次印刷　累计第 6 次印刷
书　　号:	ISBN 978-7-114-14873-6
定　　价:	22.00 元

(有印刷、装订质量问题的图书由本公司负责调换)

"十三五"普通高等教育汽车服务工程专业规划教材编委会

主任委员：许洪国(吉林大学)

副主任委员：

张国方(武汉理工大学)　　储江伟(东北林业大学)
简晓春(重庆交通大学)　　王生昌(长安大学)
李岳林(长沙理工大学)　　肖生发(湖北汽车工业学院)
关志伟(天津职业技术师范大学)　　付百学(黑龙江工程学院)

委员：

杨志发(吉林大学)　　杜丹丰(东北林业大学)
赵长利(山东交通学院)　　唐　岚(西华大学)
李耀平(昆明理工大学)　　林谋有(南昌工程学院)
李国庆(江苏理工学院)　　路玉峰(齐鲁工业大学)
周水庭(厦门理工学院)　　宋年秀(青岛理工大学)
方祖华(上海师范大学)　　郭健忠(武汉科技大学)
黄　玮(天津职业技术师范大学)　　邬志军(皖西学院)
姚层林(武汉商学院)　　田茂盛(重庆交通大学)
李素华(江汉大学)　　夏基胜(盐城工学院)
刘志强(长沙理工大学)　　孟利清(西南林业大学)
陈文刚(西南林业大学)　　王　飞(安阳工学院)
廖抒华(广西科技大学)　　李军政(湖南农业大学)
程文明(江西科技学院)　　鲁植雄(南京农业大学)
钟　勇(福建工程学院)　　张新锋(长安大学)
彭小龙(南京工业大学浦江学院)　　姜连勃(深圳大学)
陈庆樟(常熟理工学院)　　迟瑞娟(中国农业大学)
田玉东(上海电机学院)　　赵　伟(河南科技大学)
陈无畏(合肥工业大学)　　左付山(南京林业大学)
马其华(上海工程技术大学)　　王国富(桂林航天工业学院)

秘书处：李　斌　李　良

前 言
Qianyan

2016年3月,国务院印发了《国务院办公厅关于促进二手车便利交易的若干意见》;2018年3月,李克强总理在政府工作报告中提到:全面取消二手车限迁政策。二手车及其相关领域的前景逐步明朗。

本教材是在长安大学汽车学院杜建教授《汽车评估》一书的基础上重新编写的是原版书的延展。《汽车评估》自2008年5月问世以来,印刷了5次,累计印数已逾万套,也是国内较早引领汽车评估教育教学领域的规划教材之一。本教材已被列为"十三五"普通高等教育汽车服务工程专业规划教材,是汽车服务工程领域的重要参考书目。

本教材由汽车服务工程专业教学指导委员会组织编写,总结了全国高校汽车服务工程专业的教学经验,注重以本科学生就业为导向,以培养技术能力为基础,拓展了教学视野,教材内容符合汽车服务工程专业教学改革精神,适应二手车行业快速发展的人才需求。

本教材的具体编写分工如下:长安大学闫晟煜、张新锋担任主编,肖润谋教授担任主审。张新锋负责编写第一章;闫晟煜负责编写第三章、第七章;李良敏负责编写第二章;郝艳召负责编写第四章;刘永涛负责编写第五章;陕西交通职业技术学院赵转转负责编写第六章。本教材丰富了汽车评估教学领域相关内容,增加了二手商用车评估范畴,以及乘用车评估不同点的剖析内容。运用本教材时,学生应首先掌握汽车构造、汽车理论、汽车检测、汽车试验的必要内容,之后方可进行学习。本教材可以对汽车服务工程系本科生教学起到促进作用,也可以作为二手车鉴定评估工作人员的参考书目。

因编写时间仓促,殷切期望广大读者对书中误漏之处,予以批评指正。

全国汽车服务工程专业教学指导委员会

闫晟煜　张新锋

2018年5月31日

目 录
Mulu

第一章　绪论 ··· 1
　第一节　二手车评估的概念基础与特点 ·· 1
　第二节　二手车交易市场 ··· 3
　第三节　二手车行业现状 ··· 5

第二章　二手车评估的基本要素 ·· 13
　第一节　评估主体与客体 ··· 13
　第二节　评估原则与目的 ··· 14
　第三节　评估流程与依据 ··· 16

第三章　二手车价值评估 ·· 24
　第一节　二手车评估的价值类型 ·· 24
　第二节　现行市价法 ··· 27
　第三节　重置成本法 ··· 37
　第四节　收益现值法 ··· 50
　第五节　清算价格法 ··· 56

第四章　二手车技术状况鉴定 ··· 59
　第一节　静态检查 ·· 59
　第二节　动态检查 ·· 72
　第三节　仪器检查 ·· 78
　第四节　汽车技术状况的评定与分级标准 ····································· 81

第五章　二手车鉴定评估报告的撰写 ··· 87
　第一节　作用与类型 ··· 87
　第二节　鉴定评估报告的格式 ··· 88
　第三节　撰写方法 ·· 89
　第四节　评估案例 ·· 91
　第五节　报告编写步骤 ·· 95
　第六节　报告底稿的管理 ··· 96

第六章　二手车交易和运作 ··· 97
第一节　常见二手车交易模式及流程 ··· 97
第二节　交易过户业务 ··· 100
第三节　所有权转移登记 ··· 104
第四节　二手车销售统一发票 ··· 105
第五节　保险合同变更 ··· 108
第六节　二手车质量保证 ··· 108

第七章　二手商用车价值评估 ··· 110
第一节　二手商用车与乘用车市场的区别 ··· 110
第二节　二手商用车出口 ··· 112
第三节　二手商用车鉴定评估程序 ··· 114
第四节　二手商用车技术状况鉴定 ··· 116
第五节　二手商用车价值评估 ··· 126

参考文献 ··· 131

第一章 绪论

第一节 二手车评估的概念基础与特点

一、汽车的概念与基础

1. 汽车

按照国家标准《汽车和挂车类型的术语和定义》(GB/T 3730.1—2001)中对汽车的定义,汽车是指由动力驱动,具有四个或四个以上车轮的非轨道承载的车辆,主要用于:

(1) 载运人员和/或货物。
(2) 牵引载运人员和/或货物的车辆。
(3) 特殊用途。

汽车还包括:与电力线相联的车辆,如无轨电车;整车整备质量超过400kg的三轮车辆。
国际标准《道路车辆类型术语和定义》(ISO 3833—2009)将汽车划分为乘用车、商用车。

(1) 乘用车(Passenger car)是指在设计和技术特性上主要用于载运乘客及其随身行李和/或临时物品的汽车,包括驾驶员座位在内最多不超过9个座位。它也可以牵引一辆车。通常所说的轿车、越野车、多用途车辆等都属于此范畴。

(2) 商用车(Commercial vehicle)是指在设计和技术特性上用于运送人员和货物的汽车,并可以牵引挂车,乘用车不包括在内,主要包括客车、牵引车和货车三类。

挂车(Trailer)是需由汽车牵引才能正常使用的一种无动力的道路车辆,可载运人员和/或货物,或用于特殊用途。

2. 二手车

二手车是指从办理完注册登记手续到达到国家强制报废标准之前进行交易并转移所有权的汽车(含三轮汽车、低速载货汽车,即原农用运输车)、挂车和摩托车。

近年来,我国经济处于转型期,经济结构调整刺激了群众的消费需求,与此同时,汽车产业结构不断优化和升级获得了显著的市场效果,汽车保有量持续攀升。根据国家统计局的统计,2016年底,我国民用汽车保有量达1.86亿辆,其中载客汽车1.63亿辆,小型载客汽车占97.2%。汽车保有量保持稳定增幅的同时,人们对汽车需求逐步向多元化发展。伴生于新车交易,二手车评估与交易也渐渐活跃起来。

国产汽车品牌的逐步涌现和新能源汽车的快速发展成为汽车工业新的增长点。哈弗、宝骏、吉利帝豪、东风风神、比亚迪电动车等多款国产车型占据乘用车市场颇高份额。新能源汽车的市场繁荣也将二手车技术状况检测带入了新的汽车价值评估方法领域。

二手车的技术状况检查一直是汽车价值评估的难点。根据汽车各项性能的检测与比对,确定车辆的相对评估价值,为汽车价值评估提供有效的数据支撑是二手车技术状况检查的根本目标。

二手车交易双方之间存在着信息的不对称性。卖方希望能够以更高价格出售,而买方则寻求以最低的协商价格购入。这种交易目的上存在的分歧是双方信息不对称的根源,也是制约二手车交易发展的瓶颈。

二、汽车评估的概念

汽车评估是资产评估的一种,同其他资产评估一样,也应按照《国有资产评估管理办法》的规定进行。

汽车评估是指依法设立、具有执业资质的汽车鉴定评估机构和人员,接受国家机关或市场主体的委托,按照特定的目的,遵循公平、公正的标准和程序,运用科学的方法,对经济和社会活动中涉及的汽车进行技术鉴定,并根据鉴定结果对汽车在评估基准日的价值进行评定和估算的过程。汽车评估分为新车评估和二手车评估,本书主要介绍二手车评估的相关知识。

在汽车评估鉴定过程中,涉及8个要素,即评估主体、评估客体、评估目的、评估原则、评估方法、评估流程、评估依据、评估价值。

评估主体是指从事汽车评估鉴定的机构和人员;评估客体即为被评估的汽车;评估目的是指为被评估汽车的价值提供一个公平的量化定价尺度,它可以根据汽车产权的变动与否来划分;评估原则是指为保证汽车评估价值结果的真实性和准确性,所坚持的基本工作原则;评估方法是指确定评估价值的具体手段与途径,它既受估价标准制约,也要根据实际可用资料和评估对象的具体情况来选择;评估流程是指二手车鉴定评估机构在承接汽车评估业务时,从立项受理委托,到完成评估任务的工作步骤与环节;评估依据是指在评估操作中应遵守法律、法规、经济行为文件,以及相关的参考资料;评估价值是指二手车评估价值的质的规定性,是一种具体化的价值。

三、汽车评估的特点

作为汽车评估的对象,二手车既是生产资料,也是消费资料。作为生产资料,是指用于生产或经营的车辆,资产损耗明显向产权所有者转移的过程,比如营运载货汽车、载客汽车,以及一部分工程机械等。作为消费资料,是指服务于生活,以交通代步为主的车辆,虽然没有发生资产损耗,但也未对产权所有者产生经济效益,汽车价值随使用年限和行驶里程的增加而消耗。作为固定资产或个人资产,二手车有如下特点:

(1)价值量大、使用时间长、产权存在更迭。
(2)存在产权登记,税费附加值较高。
(3)每台车的使用条件、使用强度、维护水平不同,车辆价值差异明显。
(4)随新车和二手车交易市场行情的变化,车辆价值持续波动。

汽车自身的特点决定了汽车评估具有如下主要特点:

1. 汽车鉴定评估以技术鉴定为基础

汽车具有工程技术性较强、技术含量高等特点,长期使用过程中,机件在摩擦和自然力的作用下,不断磨损。汽车的行驶里程和使用时间是汽车评估的重要参数,随着行驶里程和使用时间的增加,车辆受使用条件、使用强度、维护水平等因素的影响,产生了明显的差异性。车辆实物性能评定和二手车价格评估需要通过严密的技术检测手段来确定其损耗程度。

2. 汽车鉴定评估都以单台车辆为评估对象

汽车单台价值较大、规格型号多、车辆结构差异大,即使是同一批次购入的同车型车辆,因驾驶操作水平、使用条件、维护维修条件不同,也可能在车辆性能上差距明显。所以,对于单台价值大的车辆,通常都是分整车、分部件、逐台、逐件地进行鉴定评估;对于单台价值小的车辆,即使车数较多,也需逐项检查,若单台价值小的车辆数多,可对其中一台或几台评估并确定平均值后,方可估算该批次车辆的总价值。

3. 汽车鉴定评估要考虑其手续构成的价值

在二手车交易过程中,涉及评估主体的技术服务费、税费、过户手续费用等。因此,对二手车鉴定评估时,除了估算汽车本体价值外,还要考虑由评估服务费、使用税费、车辆户籍管理等费用构成的额外价值。

第二节 二手车交易市场

一、二手车交易市场的功能

二手车交易市场为评估主体和客体提供了交易环境,是监督、审查二手车交易及产权的合法性,聚集二手车交易信息和资源,也可以开展二手车的收购和销售等经营活动的场所。

二手车交易市场的功能概括起来有:提供二手车交易信息,实现二手车的收购、寄售、销售、代购代销、租赁、拍卖与置换、旧件收购与供应、美容装饰、售后服务,以及能够为客户提供过户、上牌、转籍、保险等服务。此外,还能鉴定二手车技术状况,评估二手车价值,并受汽车行业监管部门的委托,按照法律和法规的要求,严密地监督、检查二手车交易过程中的不法行为,杜绝走私车、非法改装车、盗抢车,以及证照不全车辆的交易行为。

二、二手车交易市场的特征

1. 二手车交易市场逐步地向多元化转变

二手车交易市场以二手车交易服务为主营业务,逐步地发展出了二手车拍卖、美容装饰、维护等新型二手车服务模式。

(1)定期举办某品牌专场的拍卖会,开展二手车质量跟踪服务等。

(2)采用了O2O(Online to Offline)营销模式开展网上交易,增加了网上交易量的同时也刺激了线下的交易需求,一些C2C(Customer to Customer)二手车交易网站,如瓜子二手车、人人车等促进了二手车线上交易量的增加。这些交易平台聘请了专业检测师进行评估,一般每车收取3.0%的服务费,赠送1年(或2万km)的质保,也通过汽车金融保险、汽车维修维护等方式营利,满足平台运营的正常需要。

2. 新车市场与二手车交易市场长期存在互补竞争关系

客户购买新车后,增大了汽车保有量基数,也间接地为其他客户购买二手车提供了更多的选择;客户根据需要选择新车或二手车,导致新车市场与二手车市场间存在竞争关系。

汽车供应商纷纷开展了二手车交易的经营业务。汽车供应商参与二手车经营,能够有效地保证售出的二手车零部件供应,进一步提升汽车品牌服务的效用,减缓了车辆的贬值过程,促进了新车的销售。目前,上海大众、一汽-大众、广州本田等汽车厂家已经在全国范围内开展二手车置换业务。汽车经销商纷纷在综合汽车维修厂、二手车交易市场、汽车美容装饰公司、二手车经纪公司等优势资源内,开展二手车业务的探索。

3. 区域孤岛效应明显

我国的二手车行业属于新兴行业,其发展需要有扎实的汽车保有量作为基础,因此,二手车交易量通常以城市为基本统计单位。国内除个别的大型二手车交易集散地外,(如山东梁山县、江西高安市)等,汽车保有量大的城市一般都为省会城市或计划单列市,二手车交易量也会随之处于高位。

比如搜狐汽车发布的《2016年中国二手车交易数据分析》指出:按照非重复原则统计,2016年上海市汽车保有量达320万辆,二手车交易量达24.77万辆;北京市汽车保有量达548万辆,二手车交易量为24.6万辆;成都市汽车保有量达412万辆,二手车交易量为17.7万辆。从二手车交易量与汽车保有量的比值来看,上海市的二手车交易市场最为活跃,这得益于当地二手车交易环境好,交易形态多样化,高端二手车相对集中。

虽然不少城市的二手车交易量持续升温、增幅扩大,但是城市与城市之间的联系较少,交易量在区域间流动缓慢,办理二手车转籍手续难是限制二手车交易量无法提高的根本原因之一,这也是二手车跨区域经营的发展机会。

4. 合资品牌二手车优势依旧,中间商主导交易仍是主流

据统计,2016年合资品牌的二手车仍是主流车源,其比重为64.8%,进口车型比重为12.8%,自主品牌比重为22.5%。新车市场中超过40.0%的自主品牌车型预计在4年后开始大量涌入到二手车交易环节,近年不会有较大波动,合资品牌车型存量大,但2020年后自主品牌的二手车交易比重将有明显的提升。另外,中间商存在的商业模式仍旧是市场主流模式,未来这一市场将随着汽车价值的变化和消费者对服务的需求变化而改变。

5. 二手车成交价格波动大

10万元以下的中低端二手车受老旧车辆的淘汰制度和新车产品的市场挤压,市场逐渐收窄;10万~20万元的二手车受到20万~30万元新车降价的影响,交易量扩大,但平均每车交易价格在逐步降低;20万~50万元的二手车伴随价格更高区间的车辆提前进入交易环节,丰富了客户的选择,加剧了该价格层内的竞争力度;而50万元以上的二手车市场库存量增加、交易量下降,每车交易价格伴随交易量的下降也在收缩。

三、二手车交易市场的萌芽与发展

2005年10月实施的《二手车流通管理办法》促进了我国二手车行业的开放,这是时代的需要,也是发展的必然结果。

1. 萌芽阶段

我国二手车交易的萌芽阶段为20世纪80年代。当时,汽车属于紧俏商品,二手车交易属于"卖方市场",基本没有二手车经销商。该阶段内二手车交易市场秩序混乱,市场交易车辆多为买卖双方同时到车管所过户的自由市场模式,车辆技术状况没有经过充分鉴定,消费者很难放心地买到合适的二手车。

2. 发展阶段

我国二手车交易的发展阶段为20世纪90年代到2005年。1998年，国家贸易部发布了《旧机动车交易管理办法》。其中明确指出："要设立以企业经营活动为依托，建立具有旧机动车评估定价及旧机动车收购、销售、寄售、代购、代销、租赁、拍卖、检测维修、配件供应、美容及信息服务等功能，并为客户提供过户、上牌、保险等服务为一体的二手车市场。"自此，我国的二手车市场正式步入历史舞台。

2005年，由商务部、公安部等部门联合发布了《二手车流通管理办法》，这标志着我国二手车行业向市场化发展的态势。该办法规定：除了二手车市场以外允许成立经营公司、拍卖公司等各种业态交易；取消了二手车交易过户费按照车辆强制评估价格的百分比收费；明确了各个经营体的纳税标准。各个品牌厂家都加大支持力度，奠定了业务基础，开始出现独立的运营模式和尝试。

虽然二手车交易还是以私人经营为主，但是交易形式已经转变为在二手车交易市场内进行。大约90%以上的二手车市场都涉及国企背景，这些市场基本上都靠收取交易服务费和场地租金这类传统的经营模式来维持企业运转，而随着政策逐步对民营资本的放宽，越来越多的民营二手车市场开始涌现。

3. 市场转型

我国二手车交易的市场转型阶段为2005—2016年。此时期内，电子商务活跃起来，传统行业者步入二手车电商网站领域，但融资规模和影响力较弱，尚处于初期摸索阶段，行业内还在相互学习、摸索，为C2C平台的繁荣提供了知识和技术储备。

传统二手车行业发展缓慢，企业经营不善，以及限制转籍、限制购买等原因，造成二手车市场经营和服务滞后，电子商务对传统二手车市场形成了冲击，多数二手车经销商均出现了亏损的境况。然而电商方面，利用政策扶持开展二手车置换业务，交易量大幅增加，企业快速成长过程中，没有开展合理的资本运作风险评估，流动资金链断裂，即使融资后问题也频频出现，导致行业发展泡沫化严重。不过，一直以来二手车全国交易量总体上扬，增势不减。

4. 市场整合

2017年3月，由中国汽车流通协会发布的团体标准《二手中型、重型载货车鉴定评估技术规范》正式实施，终结了二手商用车交易过程中鉴定评估无规范的尴尬境地，对二手商用车市场流通有现实意义。与此同时，越来越多市场参与者的加入重新激活了二手车市场，产生了二手车经销商与电商开展资源整合的方式。

目前，传统二手车市场都在积极地开展线上合作与革新，在利用好传统优势的同时，选择与有诚信的二手车电商交易平台开展市场和技术资源整合。二手车电商也即将走过探索期，预计将有部分优秀二手车电商企业实现上市，二手车经销商则大多通过在线交易平台开展业务。

第三节　二手车行业现状

一、我国二手车市场现状

据统计，2016年我国二手车交易过户辆为1068万辆，实测每辆二手车平均被过户1.48次，平均轿车使用3~5年便会过户。受各地区环境保护限制，二手车异地过户和各地区加强报废汽车补贴的影响，本应进入二手车市场的汽车不得不提前报废，而且新车库存量较大，租赁公司未上牌车辆、进口车涌入市场。所以，2016年二手车交易量高于当年的基数。

按照地域划分，近年来东南沿海省份的二手车交易量持续上涨，而中西部省份的活跃程度逐渐降低。2016年，浙江省二手车交易量超过120万辆，位列第1，但存在较多的重复性交易数据；排名2~5的省份依次为，广东省为56.4万辆、江苏省为51.2万辆、山东省为46.2万辆、福建省为39.0万辆。

2016年，浙江省每台车辆的平均成交价格最高，达16.29万元；河南省以每车16.29万元次之；北京市每车成交价格为16.03万元，位列第3。

近年来，全国重点城市（销量排名前20名，多数为省会或计划单列市）的二手车交易量数据在正在下滑，但变化不大，表明二手车交易的活跃程度由重点城市转到非重点城市，各城市正向均衡态势发展。受二手车转籍手续办理难等因素限制，产生了明显的"区域孤岛效应"。

2016年的车龄（使用年份）的统计见表1-1。

按照车龄统计的二手车交易量比重　　　　表1-1

车龄	3年以内（含）	3~6年（含）	6年以上
比重（%）	27.5	36.5	36.0

由表1-1可见，车龄（使用年份）逐渐年轻化，6年（含）以下的二手车占比64.0%，接近三分之二。

按照国家阶段性机动车排放标准的统计结果见表1-2。

按照机动车排放统计的二手车交易量比重　　　　表1-2

排放标准	国Ⅱ	国Ⅲ	国Ⅳ	国Ⅴ
比重（%）	3.4	9.2	68.2	19.3

由表1-2可见，国Ⅳ排放标准所占比重较大，预计2008—2010年的早期国Ⅳ车型将逐步减少，而2008年以前的国Ⅲ排放标准车辆按照现有政策和特点预计交易量占比将继续下滑。

2016年，二手车品牌以主流品牌为主，大众、丰田、本田分列前3名。大众品牌二手车的年交易量达89.5万辆，途观、高尔夫、甲壳虫等车型占比收窄，市场影响力下降；丰田品牌的二手车的年交易量为42.9万辆，卡罗拉、凯美瑞、汉兰达交易量上升明显；而本田品牌的二手车的年交易量为40.8万辆，本田雅阁的主流地位动摇，奥德赛和艾力绅等MPV（多用途汽车）车型交易量上升明显。

普通轿车各系列在交易量上变化不大，三厢轿车仍旧是主流，两厢车在一线城市的交易量比二、三线城市要好，这与用车观念有关。SUV（运动型多用途汽车）市场交易量占比明显提升，尤其是紧凑型SUV。MPV市场交易量占比提升幅度不大，市场供需旺盛。其他车型变化相对稳定。2016年，二手车车身颜色的统计中，白色占比首次高于黑色，按照通常意义的理解，白色多为家用轿车、黑色多为商务车辆，则中高端二手车的产权归属为个人的变化趋势明显。由于主流颜色为白色，且车辆剐蹭后喷漆容易出现色差，因此，车身颜色为白色的二手车保值率较高。其他车身颜色的二手车保值率一般。

汽车流通体系包括新车销售、二手车交易和汽车报废回收3个组成部分。二手车满足了城乡居民多档次、多品种、低价位的特殊需求，使客户有较大的选择空间。2017年，经国家统计局授权和商务部的委托，中国汽车流通协会发布了《2017中国二手车交易市场百强排行榜分析报告》,报告中介绍2016年全国二手车市场整体状况,统计范围涵盖了全国31个省(区、市)。分析报告中称:全国有1068家二手车交易市场,2016年二手车交易市场数目与2015年(1139家)相比有所降低。该1068家市场内共有经营服务企业44274家,同比增长10.2%,二手车交易市场经营总面积达2261万m^2,较2015年上升4.4%,其中交易大厅面积为173万m^2,同比增长15.3%。

2016年,二手车百强市场总交易量为495万辆,同比增长16.2%;规模占比占全国二手车市场总交易量的47.6%,交易额达3181亿元;百强市场交易的车辆结构中乘用车占比80.9%,国产车型的交易量占比为83.1%。百强二手车市场中年交易量在2万辆以上的企业有90家,交易额超过1亿元以上的企业有94家,其中:

①年交易量在10万辆以上的有8家,交易量总和为133.7万辆。

②年交易量介于10万到5万辆之间的有24家,交易量总和为161.0万辆。

③年交易量介于5万到1万辆之间的有65家,交易量总和为197.9万辆。

④年交易量小于1万辆的有3家,交易量总和为2.4万辆。

2016年3月,国务院发布的《国务院办公厅关于促进二手车便利交易的若干意见》(以下简称二手车"国八条")提出以下内容:

(1)营造二手车自由流通的市场环境。

要求各地政府不得制定实施限制二手车迁入政策。符合国家在用机动车排放和安全标准,在环保定期检验有效期和年检有效期内,二手车均可办理迁入手续,迁入地点除大气污染防治重点区域有特殊要求的,国家鼓励淘汰和要求淘汰的相关车辆也被划入限制迁入的范畴。已经实施限制二手车迁入政策的地方,被要求在2016年5月底前取消。

(2)进一步完善二手车交易登记管理。

要求简化二手车交易登记程序,不得违规增加限制办理条件;整合二手车交易、纳税、保险和登记等流程,开展一站式服务;推行二手车异地交易登记,便利交易方在车辆所在地直接办理交易登记手续。

(3)加快完善二手车流通信息平台。

要求积极整合现有资源,加强互联互通和信息共享,明确了符合国家有关要求的信息服务可以市场化运作,已经具备条件的行业信息要进一步加大开放力度。

(4)加强二手车市场主体信用体系建设。

要求依法采集二手车交易市场、经销企业、拍卖企业、鉴定评估机构、维修服务企业以及其他市场主体的信用信息,建立二手车市场主体信用记录,纳入全国信用信息共享平台。

(5)优化二手车交易税收政策。

按照"统一税制、公平税负、促进公平竞争"原则,结合全面推开营改增试点,进一步优化二手车交易税收政策,同时加强对二手车交易的税收征管。

(6)加大金融服务支持力度。

要求降低信贷门槛,简化信贷手续。支持二手车贷款业务,适当降低二手车贷款首付比例。加快开发符合二手车交易特点的专属保险产品,不断提高二手车交易保险服务水平。

(7)积极推动二手车流通模式创新。

推动二手车经销企业品牌化、连锁化经营,提升整备、质保等增值服务能力和水平。积极引导二手车交易企业线上线下融合发展,鼓励发展电子商务、拍卖等交易方式。推动新车销售企业开展二手车经销业务,积极发展二手车置换业务。

(8) 完善二手车流通制度体系建设。

修订《二手车流通管理办法》，规范二手车交易行为，强化市场主体责任；加强消费者权益保护；明确监管职责，加强市场监管，规范交易秩序。

在二手车"国八条"和汽车市场购置税减半的政策驱动下，交易规模同比增速呈现稳步上升态势。2016 年，乘用车的新车销量为 2437.7 万辆，同比增幅为 14.9%；而二手车交易量为 1068 万辆，同比增幅为 10.3%。从 2010—2016 年的年均增幅来看，二手车交易量的增幅高于新车销量增幅。

从国家层面来讲，二手车"国八条"的设计有科学性和前瞻性，但在政策落地实施的过程中阻力大。

(1) 据不完全统计，全国有 95.0% 的地级市在二手车"国八条"执行前均实施了限制迁入。

(2) 二手车的维修维护和保险记录仅在一些保险公司可以查询到。

(3) 国内网上消费的税收政策还不能完全覆盖线下税费问题。

(4) 二手车购车贷款的方式手续烦琐，手续费高，贷款额度不大，导致使用率比较低。

(5) 二手车产业链还缺少二手车异地运输、二手车库存保险，需要完善二手车专业整备、人才培训、评估检测、售后延保、定价服务、维护记录等内容。

随着消费者消费观念的转变，加之电商平台的广告宣传效果，消费者对二手车的接收程度逐渐提高，第三方检测机构的出现，降低了消费者对二手车技术状况的疑虑，旧机动车置换新车的业务兴起也释放了二手车行业的产能。在众多利好情况下，二手车从业者的兴趣点也逐渐由中介服务费获利，转向二手车后市场的汽车美容装饰、汽车维护获利。

(1) 二手车的车况不如新车，对汽车美容维护的需求量大，汽车美容装饰行业的增长点将会来自于二手车行业。

(2) 二手车的价值量低，出于维修维护费用的考虑，客户也不会到该二手车品牌所对应的汽车 4S 店维修，转而会在二手车交易市场的维修点（或合约店）修理，且购买二手车时有质保，由于维修价格低，客户逐渐会形成二手车定点维修习惯，所以二手车的维修维护也会是二手车市场获利的主要增长点。

二、美国二手车市场现状

早期的美国二手车市场，存在中间商窜改 VIN 码、调整码表、隐匿事故车的现象，将大量不适合再进入市场的二手车重新倒卖进市场，通过欺瞒消费者，从中获取不法利润。1980 年，随着美国新车市场不断饱和，新车销售量呈下降趋势，二手车销量逐年上升。1986—1996 年，美国 500 强零售商新车销量降低了 8.8%，而二手车销售量上升了 40.0%。原因如下：

(1) 新车利润率逐年下降，几乎所有的汽车经销商都开始经营二手车业务，一辆新车的利润是 5%~6%，而一辆二手车的利润为 10%~12%。

(2) 汽车消费观念趋于理性，美国消费者对二手车的认知和消费理念转变。

(3) 二手车市场发展成熟有序，体制健全，得到了消费者普遍认可。

(4) 征信机制普遍施行，二手车认证体系完善。

1990 年，美国二手车的年销量就已稳定在 4000 万~4500 万辆，约为当年新车销量的 3 倍。其中以汽车经销商为主，占市场占比为 60.0%，二手车连锁店占比为 25.0%，私人交易占 15.0%。

在美国,汽车经销商主要涉及3项业务:新车销售、二手车销售及服务和备件。其收入占比分别为56.0%、35.0%、9.0%,但三者的净利润占比分别为9.0%、15.0%、76.0%,这表明汽车经销商的主要净利润来自于服务和备件销售,这部分利润强烈依赖于车辆的销售。在车辆销售方面,每辆二手车的利润大约是新车净利润的2倍,新车利润逐年降低,二手车利润逐年升高。

在美国,经销商能成为美国二手车市场的主流,主要有如下几个原因:

(1) 置换新车的独特优势。据有关机构调研,经销商的车源中有55.0%的汽车来自于消费者的置换业务,另外45.0%来源于拍卖、私人收购。

(2) 依托新车销售时建立起来的良好的客户优势。

(3) 专业的经营和征信机制的约束。二手车价格普遍比市场均价要高出6.0%左右,但是依然占据市场60%的份额,征信机制的约束和专业的经营吸引了客户。

美国约有16545家汽车经销商,其中最大的是AutoNation,其业务包括新车销售、二手车销售、零部件服务、金融保险净额,以及其他业务等。2015年,AutoNation二手车业务销售额为47亿美元,销售车辆221790辆,占据整个美国二手车市场份额的0.4%~0.5%,也间接地表明了二手车经销商行业集中度较低。

二手车连锁店也是二手车销售的一个重要途径,市场份额占比为25.0%。这类二手车连锁店通常从事二手车外部维修与美容业务,并且提供一定期限内的保修服务,出售的价格比汽车经销商低。

美国最大的二手车连锁店是Carmax,主营业务包括:二手车销售、新车销售等,收入和利润主要源自二手车零售。平均单台二手车的销售收入在2100美元左右,利润在11%左右。目前,Carmax的二手车销售收入达129亿美元,年平均增长率约为14.0%年销售量达到100万辆。其中,60%来自零售、40%来自批发,年平均增长率为8.0%~10.0%,Carmax的二手车销售现状是零售增长快、批发增长慢。Carmax的核心优势在于:

(1) 通过金融手段解决B2C(Business to Customer)零售模式带来的库存问题。Carmax将购入的汽车作为资产,到银行进行抵押贷款将资金盘活,从而使得下一批库存的流动资金也有支撑,而抵押贷款利息仅占Carmax平台销售收入5.0%以内。

(2) 薄利多销提升库存周转率。Carmax的二手车采购价格通常比市场价格高5%~15%,而出售价格通常还要比市场价格低。为了保证车能尽早销售,两端利润被压缩,既扩大了规模,也提高了库存周转率。Carmax的单车平均利润比经销商单车平均利润低约10%。

(3) 不议价的采购与销售方式。公司无论是采购还是销售,都遵循不议价的方式。采购时,在对客户的车辆进行免费评估后,书面保证购买汽车,且保证7天内绝不议价。销售时,公司提供一个固定合理的价格,避免消费者反复比价和议价,同时销售顾问按销售量提成佣金。

(4) 数据服务。从1993年开始,Carmax就开始积累销售和评估汽车的数据,利用这些数据帮助采购人员在二手车拍卖或评估时决策。通过数据库支撑以及合理的定价算法,再加上自行拍卖的方式,使得Carmax在2015年通过现场拍卖的方式,以97%的拍卖成交率卖掉376186辆汽车,而一般较大的拍卖公司的成交率为60%左右。

(5) 汽车金融服务。Carmax为客户提供融资服务,可以降低Carmax采购时对第三方金融供应商的依赖,也可以利用Carmax的业务经验,为客户提供合理的融资选择。此外,

Carmax 拥有专用的评分模型,根据客户的信用历史和汽车金融服务的历史经验来预测客户还款的可能性;还提供与汽车相关的各种贷款服务,并负责提供账单、收取款项、保持与客户的联系,以及安排追收拖欠贷款事宜。截至 2015 年 2 月,Carmax 已管理着约 619000 个客户账户和 84.6 亿美元的应收账款。

三、日本二手车市场现状

据日本汽车销售协会联合会统计,2016 年,日本二手车交易量达 376 万辆。约有 70 多家二手车拍卖公司,有 150 多家二手车拍卖场。20 世纪 90 年代以来,出现了二手车收购专营店,收购二手车后拍卖赚取差价。拍卖需要有参照价格,日本的拍卖交易方构建了全国网络,形成了公开的价格行情,方便拍卖的顺利进行。

日本的二手车交易都通过二手车经销商进行。对于 2~3 个月未能出售的二手车,其中 90% 通过拍卖处理、10% 交易给其他经销商,以加快二手车的流通。

受维护频率、交通事故等因素的影响,二手车车况差异性大,客户自身无法准确评估。因此,依托 1966 年成立的日本评估协会,规范了二手车的评估准入条件:申请者必须是二手车销售商,必须有通过协会技能考试的专业评估师,然后向协会申请资格。

日本汽车公正交易协会的会员为各汽车厂家、新车和二手车经销商。该协会制定了公平交易规约,以指导消费者购买、处理投诉,对经销商违规调查与处置等,也规定了销售的二手车必须标明详细信息,不得调整行车里程表,不得隐瞒修理经历等。日本于 1997 年开发了二手车销售管理系统,所有二手车都应登记车架号和行驶里程。2002 年成立了机动车拍卖协会,与二手车销售管理系统和机动车评估协会的管理系统联网,同时也向消费者开放了该系统。2004 年,日本国土交通省利用年检过程将累计行驶里程记录在车检证上,防止未参加交易的二手车被随意改动里程表。

日本二手车行业制定了相关的评估标准。比如,Gulliver 公司制定了"监价标准"、Aucnet 公司研发了汽车检测系统(AIS)等,特别是丰田、本田、日产等公司都认可并使用 AIS,也得到了消费者的认同和信赖。各个公司制定的标准检测项目基本相同,包括出厂日期、使用年限、里程数、内饰、配置等,尤其是事故经历,由二手车经销公司出具检测证明和估价。

日本二手车经营中,拍卖的比例高,日本国内有 150 多家拍卖场,拍卖场设立会员制,只在经销商之间进行。拍卖主办者有 3 类:

(1)厂家经销商,在运营置换下的二手车。

(2)各地二手车销售商联合会。

(3)专业拍卖企业:以手续费为事业收入,拍卖可以采取现场拍卖和远程拍卖,盈利不来源于卖车提成。比如,日本最大的现场拍卖公司 Gulliver 有 8000 多个会员,日本最大的远程拍卖公司 Aucnet 有 7000 多个会员。其利润主要来自会员费、车辆检测费、交易手续费、远程拍卖服务费、数据库查询服务费等。

以往,二手车经销商靠奔走于全国各拍卖现场寻求交易。经销商将收来的、不想经营的车辆拿到拍卖会,购入适合自身经营特色的车辆。如果车辆在拍卖会上无法出售,往返的运费会成为负担。为解决该负担,拍卖机构建立了卫星通信系统,每个交易市场都显示车辆的信息、照片。拍卖前,车辆移交拍卖公司入库,进行技术状况评估,拍卖结束前,车主不能接触车辆。作为第三方,拍卖公司对车辆进行严格检查、公正评估、拍照、数据输入电脑,买主可在交易前检查车辆和各种证明。

日本 Aucnet 二手车拍卖公司创立于 1984 年,2010 年每周交易量为 8000 辆,平均交易价 153 万日元,比行业平均的 64 万日元高出 2 倍多。公司将车辆拍照、鉴定、通知会员拍卖时间,会员可事先查阅车辆资料。公司通过卫星和宽带连接全国会员,构成全国电视拍卖网络。经销商可在自己店里看着电视轻松交易,不必到会场,周末也可以参加,买家每按一次键,价格上升 3000 日元,屏幕上显示着竞拍人数,50% 的车辆会在 25s 内就可以卖掉,每周有 4 天进行拍卖。交易后若想取消只限当日,买方、卖方分别需要支付 5 万日元、10 万日元的违约金。但是,远程拍卖并不能直观地查验车辆状况,买方只能看到照片。为消除买方的担心,该公司做好详尽的评估,对事故经历、钣金缺陷、凹陷、伤痕等都严格查验,详细记录,最终对品质做 10 级评价。该公司在国内派出 100 人以上的二手车评估师,每周合计检查 6000 台以上的二手车。成为二手车评估师须经半年以上的训练,通过资格考试方可上岗,按件计酬。

为防评估失误,以及经销商与二手车评估师间联手作弊,公司派评估指导员一年 4 次巡回核查,辞退常出问题的评估师。Aucnet 的二手车信息库里每个月都保持在 3 万辆以上的库存更新,表明始终有 20% 左右的新二手车流入库存,严格的评估体制在业内得到很高的评价。

Aucnet 的资金风险是管理的要点。由于拍卖二手车的手续费很低,一般仅为 2 万日元,因此出现坏账时会给公司带来很大损失,所以 Aucnet 需要实时了解经销门店的经营状况。主要采取通过二手车评估师经常巡视的方法,对展示车的品质劣化、数量减少等信息随时反馈至公司,而且拍卖会上的买卖经历也被用来分析经营状况。车款的支付期限为 5 天,若有异常公司就能立即察觉。Aucnet 充分利用库存数据,开发二手车状况网上查询功能。经销商可以无库存经营,摆脱库存风险、流动资金、场所租金等负担。

四、国外先进经验的启示

我国二手车市场正处于市场整合阶段。现阶段,二手车主流的交易模式仍是以经销商为二手车供应端的服务模式,传统二手车经销商使用好电商平台提供的工具提升自己,电商平台"接地气"地服务好客户,双方开发互助支持共赢的商业模式,将成为促进二手车行业发展的关键。

国外也有二手车行业的发展经验,国内正在经历的也许在国外已经发生。我国经济当前处于转型期,正在经历经济发展由量变向质变的转化过程,经济形势复杂程度高,国内二手车行业完全有能力自己走出一条富有中国特色的路,国外先进经验虽有可贵之处,但不能完全照搬。

美国 Carmax 运用汽车作为抵押,贷款利息仅占销售额的 5.0%,二手车采购价格比市场高 5%~15%,出售价格比市场低。国内的二手车经销商可以实施,但只有当二手车市场整合达到某个成熟阶段,并且拥有的二手车库存基数较大时,该方法获利的效果才明显。若抵押的车辆数太少,分摊到每辆二手车的抵押金会较低,将无法实现预期的作用。当然,这也与信誉体系内的评分有一定关系,国内小型二手车经销商均存在较大的运营风险,资金链脆弱,均以提高二手车周转率为目的,将二手车作为资产抵押的意愿不强。Carmax 不议价的方式如同国内的超市一样,但这应是二手车行业蓬勃发展后的结果。由于二手车商品的使用条件、维护频率等因素的不同,每辆车的技术状况参差不齐,市场经济下难以做到不议价,而且这也与消费者购买汽车的消费习惯有关。

Carmax 的数据服务是国内应当重点关注的。目前,国内关于数据使用权的问题竞争激烈,二手车维护、事故、运行等数据应该以数据实际应用为导向,先有市场后有应用,而不是先应用数据后寻找市场。企业也应该尽早积累与销售和评估有关的汽车使用数据,联合汽车金融保险业,将车辆相关数据逐步做实。运用数据协助采购人员在二手车拍卖或评估中进行有效决策,并通过数据库支撑建立合适的分品牌分车型定价算法。Carmax 可以为客户提供融资服务。国内现阶段的二手车客户信用历史体系虽已建立,但不成熟,汽车金融服务的历史经验也达不到完全约束不法交易的效果。

日本二手车经销商之间的车辆拍卖业务是值得国内二手车行业考虑的,但与日本不同,我国省份众多,仅在省域范围内施行,建立起区域拍卖协会尚可,在各地限迁政策的约束下,跨省区市的二手车户籍转移还存在难度。国内电子商务平台也是基于省域范围内的二手车经销商和个人创建的,解除限迁政策是首要步骤。此外,还通过评估指导员抽检、巡视二手车评估师对各经销商车辆技术状况,避免评估师与经销商串通,使二手车车况评估保持公正性,当前难以实现。

五、新能源汽车的评估状况

中国汽车工业协会数据显示,2017 年 11 月,新能源汽车销量 11.9 万辆,同比增长 83%;2017 年 1~11 月,新能源汽车销量 60.9 万辆,同比增长 51.4%。

新能源汽车的大卖是由于"限牌"政策的影响结果。2017 年 12 月 26 日,近 284 万人参与北京市当年最后一期普通小客车指标摇号,0.11% 的中签率创历史新低。不过,很多城市都为新能源汽车保留了"绿色通道",买方可以通过单独的摇号系统提高中签率,或者直接获得上牌指标。

新能源二手车的痛点在于二手车残值较低。据悉,一辆 95 万元的特斯拉 Model S,3 年后残值仅剩原价格的 1/3,而等值的传统燃油车最低残值都超过了 50%。太快的贬值速度,使得不少新能源准车主不得不权衡利弊。

目前,新能源二手车交易存在一些痛点,比如二手车的回收多集中于新能源专卖店,其他交易渠道因没有可参照的价格标准而面临有价无市的情况,因此只有改善新能源二手车流通渠道,才有助于提升新能源二手车的残值。

目前,已经有车企涉足新能源二手车服务市场。2016 年 8 月,北汽新能源联合第三方评估机构,推出了业内首个新能源二手车检测标准——《北汽新能源二手车检测标准》,涵盖从车辆系统与构件到车身外观的专业检测项目 108 个,填补了新能源汽车检测评估的空白,对推动新能源汽车的流通有益。

第二章 二手车评估的基本要素

第一节 评估主体与客体

一、评估主体

二手车评估主体是指汽车评估业务从业者,即从事汽车评估鉴定的机构和人员。评估人员的素质对评估结果有着重要的影响,涉及当事人双方的利益,因此需要评估人员在坚持公平、公正的原则下,掌握汽车专业知识和检测技能,借助必要的检测工具和历史经验,对二手车技术状况进行精准判断,以实测数据来支撑评估结果,完成二手车交易价格的评估,还应具备收集、跟踪、分析、运用二手车交易信息的能力。由于评估主体的评估技能、对被评估车辆的了解程度和车辆交易环境的不同,得出的二手车交易价格存在着差异性。

2005 年,我国制定了《二手车流通管理办法》,要求二手车鉴定评估的从业者必须要持证上岗,设立二手车鉴定评估机构时,必须具备有 3 名以上从事二手车鉴定评估业务的专业人员。

2015 年 11 月,人力资源社会保障部决定对《招用技术工种从业人员规定》予以废止,正式取消了二手车鉴定评估师持证上岗的要求。2017 年 3 月底,人力资源社会保障部正式发文暂停二手车职业资格鉴定,决定以市场为导向,以培训为主体,将之前由政府部门主导的职业鉴定制度变为更符合市场发展的行业主导职业技能培训,不再有持证上岗的要求。

二、评估客体

评估客体为被评估的汽车。根据《二手车流通管理办法》规定,禁止以下车辆经销、拍卖和经纪:

(1)已报废或者达到国家强制报废标准的车辆;
(2)在抵押期间或者未经海关批准交易的海关监管车辆;
(3)在人民法院、人民检察院、行政执法部门依法查封、扣押期间的车辆;
(4)通过盗窃、抢劫、诈骗等违法犯罪手段获得的车辆;
(5)发动机号码、车辆识别代号或者车架号码与登记号码不相符,或者有凿改迹象的车辆;
(6)走私、非法拼(组)装的车辆;
(7)不具有车辆法定证明、凭证的车辆;
(8)在本行政辖区以外的公安机关交通管理部门注册登记的车辆;

(9)国家法律、行政法规禁止经营的车辆。

对上述违法交易的车辆,二手车经销商应承担法律责任和连带赔偿责任。二手车经销商若发现(4)、(5)、(6)情形之一的,应当向公安机关、工商行政管理部门等执法机关报告。

第二节　评估原则与目的

二手车鉴定评估时所坚持的基本原则是二手车评估过程的规范。分为工作原则和经济原则。

一、工作原则

为了保证鉴定评估结果真实、准确、可靠,评估过程符合国家法律,做到公正、公平、合理,对评估主体形成行为约束,二手车鉴定评估时需遵循一定的工作原则。

1. 合法性原则

二手车鉴定评估行为必须符合国家法律、法规,遵循国家对机动车户籍管理、报废标准、税费征收等政策性要求,这是开展二手车鉴定评估业务的前提。

2. 公平性原则

公平、公正是道德范畴的内容,因人而异,无法量化。遵守公平、公正的道德规范,二手车鉴定评估人员应当公正无私,绝不偏袒,评估结果也应公道、合理。

3. 客观性原则

评估主体的评估结果要有充分的事实作为依据。以个人经验判断的评估结果不可信,依靠预测模型推理、逻辑判断、仿真回溯等方式建立的,必须建立在可靠的、翔实的真实数据基础上。

4. 独立性原则

在评估过程中,评估主体不能受到委托者、购买者,以及外界的其他影响,作为完全独立的评估主体能够承担起民事责任。评估行为也应与委托人、购买者不存在利益关系,评估主体不能既从事交易服务,又从事鉴定评估。

5. 科学性原则

二手车鉴定评估机构和人员应当运用科学的方法、程序、技术标准和工作方案开展活动。即根据评估基准日、特定目的,选择适用的方法和标准,遵循规定的程序实施操作。

6. 专业性原则

鉴定评估必须由专业机构或鉴定评估人员进行,为此,鉴定评估人员必须接受专门的职业培训,我国已在2017年不再对从事二手车鉴定评估行业的人员设置准入门槛,由市场行为来选择二手车评估技术,这也给委托方提供了更多的选择余地。

二、经济原则

二手车鉴定评估的经济原则是指在评估过程中,进行具体技术处理的原则。它是二手车鉴定评估原则的具体体现,是在总结二手车鉴定评估经验及市场能够接受的评估准则的基础上形成的,主要包括预期收益原则、替代原则、最佳效用原则。

1. 预期收益原则

预期收益原则是指在对营业性车辆评估时,车辆的价值可以不按照其过去形成的成本或购置价格决定,但必须充分考虑它在未来可能为投资者带来的经济效益。车辆的市场价格,主要取决于其未来的有用性或获利能力。未来效用越大,评估价值越高。

2. 替代性原则

替代性原则是指价格最低的同质商品对其他同质商品具有替代性。当面对几个相同或相似车辆的不同价格时,应取较低者作为评估价值,或者说评估价值不应高于替代物的价格。这一原则要求评估人员从购买者角度进行二手车鉴定评估,因为评估价值应是车辆潜在购买者愿意支付的价格。

3. 最佳效用原则

最佳效用原则是指若一辆二手车同时具有多种用途,在公开市场条件下进行评估时,应按照其最佳用途来评估车辆价值,以便既保证车辆出售方的利益,又有利于车辆的合理使用。

三、评估目的

二手车价值评估的目的是正确反映二手车的价值及变动,为二手车评估提供量化的价值依据。分为两类:变动产权、不变动产权。

1. 变动产权

车辆所有权发生转移的行为称为车辆产权变动,主要包括:二手车交易与转让、置换、拍卖、投资、捐赠和抵债等。

(1) 交易与转让。

二手车交易与转让是最常见的经济行为,通常以货币作为媒介进行交换。买方希望以最低的价格购入,而卖方则希望售价更高一些,这就存在了交易分歧。此时便需要二手车鉴定评估人员对车辆价值进行公正的判定,客观地提供二手车参考价值,促进双方达成交易。

(2) 车辆置换。

二手车置换是指用二手车参考价值加上另行支付的车款,从汽车经销商处购买新车的业务,置换结果为新车。汽车经销商按照车辆品牌厂家的要求收购消费者的二手车,经专业的车辆价格评估后,为客户提供办理置换业务。置换业务的存在对重构二手车行业的交易规则起着重要的作用。

(3) 拍卖。

二手车拍卖是指用公开竞价的方式,将二手车所有权转让给最高应价者的买卖方式。二手车拍卖的特点在于必须有两个以上的买主、不断变动的价格和公开竞争的行为。法院罚没车辆、抵押车辆、企业破产清算车辆、海关获得的抵税或被放弃的车辆,以及公车改革的公务用车,在拍卖前必须对车辆价值进行评估来提供拍卖底价。

(4) 投资。

二手车投资是指特定经济主体为了在未来可预见的时期内获得二手车交易方面的收益或是资金增值,投放资金或实物的货币等价物的经济行为。若二手车行业内有企业上市,将会出现以货币购买该企业发行的股票和公司债券的形式,间接参与企业的利润分配,与此同时,车辆的产权也发生了变更。

(5)其他变动产权目的。

包括抵债和捐赠等特定的车辆产权转移行为,其中捐赠虽然没有利益交换与其他所求,但在产权发生转移时都要评估二手车价值。

2. 不变动产权

除二手车的产权发生变动外,还有一些车辆进行着未发生产权交易的经济活动。比如,车辆保险、抵押贷款、司法鉴定、增值税与购置税、担保、典当等。

(1)保险。

车辆主要险种有交通事故责任强制保险、第三者责任保险、车辆损失险、车上责任险、全车盗抢险等,所投保的保险费与车辆价值关系密切。一旦车辆发生事故,保险公司均需要从车辆评估价值入手计算具体的赔偿金额。

(2)抵押贷款。

银行业出于放贷安全的考虑,要求贷款人以车辆作为资产抵押,根据车辆价值来考虑贷款额度。对于银行业,车辆价值评估的准确性决定贷款安全性,因此需要专业人员对车辆进行价值评估。车辆抵押贷款时,获得贷款额度要比车辆价值低一些。

(3)司法鉴定。

当事人遇到涉及车辆的诉讼时,为把握事实真相和法院宣判轻重的程度,评估主体对车辆价值进行的一种评估。在民事案件中,一般由法院委托第三方评估机构或人员评估车辆,来完成案件的抵债或变现;而在刑事案件中,一般受司法机关委托,由第三方评估机构或人员完成针对事故、盗抢、走私、非法拼装车辆的取证工作。

(4)增值税与购置税。

车辆增值税是指以车辆(含汽车、挂车、摩托车等)在流转过程中产生的增值额作为计税依据而征收的一种税费。车辆购置税是对在境内购置规定车辆(含汽车、挂车、摩托车等)的单位和个人征收的税费。以车辆购置价格作为计价标准,如购买国产车辆的计算方法为:

$$应缴纳购置税额 = 计税价格 \div (1 + 17\%) \times 10\%$$

计税价格中已含有增值税(17%)税款,应先剔除。比如,某消费者购买一辆商标价为10万元的国产新车,该新车的裸车价为 $100000 \div 1.17 = 85470.09$ 元,则应缴纳购置税额为8547.01元。

(5)其他不变动产权目的。

包含担保和典当等特定的不变动车辆产权行为,虽然产权未发生转移,但为保证经济活动的顺利进行,评估二手车价值是必要的。

此外,二手车价值受评估目的的影响大。对于同一辆二手车,不同的评估目的对应不同的评估方法,则评估价值结果可能存在差距。除此之外,二手车评估的另一项重要任务是鉴定与识别走私、盗抢、报废、非法拼装的车辆。

第三节 评估流程与依据

一、评估依据

评估依据是指在评估操作中应遵守法律、法规、经济行为文件,以及相关的参考资料。

包括遵循法律法规、国家标准和技术规范等。

（1）二手车技术状况鉴定评估应遵循国家法律法规主要有：

①2002年3月发布的《关于旧货和旧机动车增值税政策的通知》。

②2003年12月发布的《关于加强和规范评估行业管理的意见》。

③2005年8月发布的《二手车流通管理办法》。

④2008年5月发布的《中华人民共和国机动车登记规定》。

⑤2012年8月发布的《机动车强制报废标准规定》。

⑥2012年8月修订的《公安部关于修改〈机动车登记规定〉的决定》。

⑦2012年12月发布的《机动车强制报废标准规定》。

⑧2013年2月发布的《关于二手车经销企业发票使用有关问题的公告》。

⑨2016年3月发布的《国务院办公厅关于促进二手车便利交易的若干意见》。

⑩2016年12月发布的《中华人民共和国资产评估法》等。

（2）还应遵循和依照的关于机动车的相关国家标准和技术规范主要有：

①1999年1月发布的《车辆识别代号(VIN)管理规则》(CMVR A01-01)。

②2008年4月发布的《乘用车制动系统技术要求及试验方法》(GB 21670—2008)。

③2013年12月发布的《二手车鉴定评估技术规范》(GB/T 30323—2013)。

④2014年12月发布的《机动车安全技术检验项目和方法》(GB 21861—2014)。

⑤2015年2月发布的《轿车轮胎》(GB 9743—2015)。

⑥2015年5月发布的《电动汽车安全要求》(GB 18384—2015)。

⑦2016年7月发布的《汽车、挂车及汽车列车外廓尺寸、轴荷及质量限值》(GB 1589—2016)。

⑧2016年12月发布的《轻型汽车污染物排放限值及测量方法(中国第六阶段)》(GB 18352.6—2016)等。

二、评估流程

评估流程是指二手车鉴定评估机构在承接汽车评估业务时，从立项受理委托到完成评估任务的工作步骤与环节。为规范二手车鉴定评估行为，营造公平、公正的二手车消费环境，保护消费者的合法权益，促进汽车市场健康发展，国家质量鉴定检验检疫总局、国家标准化委员会于2013年12月联合发布了《二手车鉴定评估技术规范》。

该规范规定了二手车鉴定评估程序，见图2-1。

同时，《二手车鉴定评估技术规范》中规定了二手车鉴定评估机构的最低条件和要求：

（1）经营面积不应少于200m²。

（2）拥有汽车举升设备。

（3）车辆故障信息读取设备、车辆结构尺寸检测工具或设备。

（4）具备车辆外观缺陷测量工具、漆面厚度检测设备。

（5）具备照明工具、照相机、螺丝刀、扳手等常用操作工具。

（6）具有3名以上二手车鉴定评估师，1名以上高级二手车鉴定评估师。

（7）具备电脑等办公设施。

（8）具备符合国家有关规定的消防设施。

在上述要求下，二手车鉴定评估机构才有能力完成规范中的要求，方可开展评估。

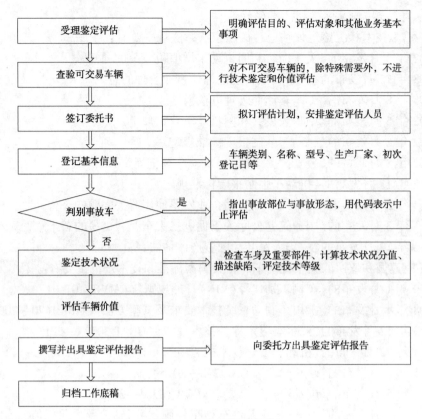

图 2-1 二手车鉴定评估程序

1. 作业流程

二手车鉴定评估机构开展二手车鉴定评估经营活动时应按照图 2-1 的流程作业，并填写《二手车鉴定评估作业表》，表样见表 2-1。

二手车鉴定评估作业表　　　　　　　　　　表 2-1

鉴定评估日：　年　月　日

厂牌型号		行驶里程	仪表	km
牌照号码			推定	km
VIN 码		车身颜色		
发动机号		车主姓名/名称		
法人代码/身份证代码		首次登记日期	使用性质	
		年　月　日		
年检证明	□有(至　年　月) □无	车船税证明	□有(至　年　月) □无	
交强险	□有(至　年　月) □无	购置税证书	□有 □无	
其他法定凭证		□号牌 □行驶证 □登记证书 □保险单 □其他		
是否为事故车	□是 □否	损伤位置及损伤情况		
车辆主要技术缺陷及描述				
总得分				

续上表

技术等级		
估计方法		
参考价值		
评估师(签章)		
评估师证号		
审核人(签章)		
二手车鉴定评估结论：		

评估单位名称(盖章)

二手车经销、拍卖、经纪等企业开展业务涉及二手车鉴定评估活动的，参照图 2-1 有关内容和顺序作业，即查验可交易车辆—登记基本信息—判别事故车—鉴定技术状况，并填写《二手车技术状况表》，见表 2-2。

二手车技术状况表 表 2-2

车辆基本信息	厂牌型号		牌照号码		
	发动机号		VIN 码		
	初次登记日期	年 月 日	表征里程	(万 km)	
	品牌名称	□国产 □进口	车身颜色		
	年检证明	□有(至 年 月) □无	购置税证书	□有 □无	
	车船税证明	□有(至 年 月) □无	交强险	□有(至 年 月) □无	
	使用性质	□营运用车 □出租车 □公务用车 □家庭用车 □其他			
	其他法定凭证、证明	□机动车号牌 □机动车行驶证 □机动车登记证书 □第三者强制保险单 □其他			
	车主名称/姓名		企业法人证书代码/身份证号码		
重要配置	燃料标号		排量		缸数
	发动机功率		排放标准		变速器形式
	气囊		驱动方式		ABS □有 □无
	其他重要配置				
是否为事故车	□是 □否	损伤位置及损伤状况			
鉴定结果	分值		技术状况等级		

续上表

车辆技术状况鉴定缺陷描述	鉴定科目	鉴定结果(得分)	缺陷描述
	车身检查		
	发动机检查		
	车内检查		
	启动检查		
	路试检查		
	底盘检查		

二手车鉴定评估师：（签字） 　　　鉴定单位：（盖章）

鉴定日期：年　月　日

声明：本二手车技术状况表所体现的鉴定结果仅为鉴定日期当日被鉴定车辆的技术状况表现与描述，若在当日内被鉴定车辆的市场价值或因交通事故等原因导致车辆的价值发生变化，对车辆鉴定结果产生明显影响时，本技术状况鉴定说明书不作为参考依据。

说明：本二手车技术状况表由二手车经销企业、拍卖企业、经纪企业使用，作为二手车交易合同的附件。车辆展卖期间，放置在驾驶室前风窗玻璃左下方，供消费者参阅。

2．受理鉴定评估

了解委托方及其车辆的基本情况，如车辆有无发生过交通事故等车辆使用过程中的重要背景资料，以及使用年份、累计行驶里程等。明确委托方的要求，了解鉴定评估的目的，是变动产权，还是不变动产权，以及评估基准日和期望完成评估的时间等。

3．查验可交易车辆

按照表2-3查验机动车登记证书、行驶证、有效机动车安全技术检验合格标志、车辆购置税完税证明、车船使用税缴付凭证、车辆保险单等法定证明、凭证是否齐全，并按照表2-3检查所列项目是否全部判定为"N"。

可交易车辆判别表　　　　表2-3

序　号	检　查　项　目	判　别
1	是否达到国家强制报废标准	Y 是　N 否
2	是否为抵押期间或海关监管期间	Y 是　N 否
3	是否为人民法院、检察院、行政执法等部门依法查封、扣押期间的车辆	Y 是　N 否
4	是否为通过盗窃、抢劫、诈骗等违法犯罪手段获得的车辆	Y 是　N 否
5	发动机号与机动车登记证书登记号码是否不一致，有凿改痕迹	Y 是　N 否
6	车辆识别代号或车架号码与机动车登记证书登记号码是否不一致，有无凿改痕迹	Y 是　N 否
7	是否走私、非法拼组装车辆	Y 是　N 否
8	是否法律法规禁止经营的车辆	Y 是　N 否

如发现上述法定证明、凭证不全，或表2-3检查项目任何一项判别为"Y"的车辆，应告知委托方。除司法机关委托等特殊要求，需继续进行技术鉴定和价值评估。发现法定证明、凭证不全，或者表2-3中第1项、4项至8项任意一项判断为"Y"的车辆应及时报告公安机关等执法部门。

4. 签订委托书

对相关证照齐全、表2-3 检查项目全部判别为"N"的,或者司法机关委托等有特殊要求的车辆,签署二手车鉴定评估委托书,见表2-4。

二手车鉴定评估委托书　　　　　　　表2-4

委托书编号:_____

委托方名称(姓名):_____法人代码证(身份证)号:_____
鉴定评估机构名称:_____法人代码证:_____
委托方地址:_____鉴定评估机构地址:_____
联系人:_____电话:_____
因□交易□典当□拍卖□置换□抵押□担保□咨询□司法裁决需要,委托人与受托人达成委托关系,号牌号码为_____,车辆类型为_____,车架号(VIN码)为_____的车辆进行技术状况鉴定并出具评估报告书,____年____月____日前完成。

委托评估车辆基本信息

车辆情况	厂牌型号		使用用途	营运□　非营运□
	总质量/座位/排量		燃料种类	
	初次登记日期	年　月　日	车身颜色	
	已使用年限	年　个月	累计行驶里程(	万 km)
	大修次数	发动机(次)	整车(次)	
	维修情况			
	事故情况			
价值反映	购置日期	年　月　日	原始价格(元)	
备注				

委托方:(签字、盖章)　　　　　　　　　　　受托方:(签字、盖章)
(二手车鉴定评估机构盖章)
　　年　月　日　　　　　　　　　　　　　　　　　年　月　日

(1)委托方保证所提供的资料客观真实,并负法律责任;
(2)仅对车辆进行鉴定评估;
(3)评估依据:《机动车运行安全技术条件》《二手车鉴定评估技术规范》等;
(4)评估结论仅对本次委托有效,不做他用;
(5)鉴定评估人员与有关当事人没有利害关系;
(6)委托方如对评估结论有异议,可于收到《二手车鉴定评估报告》之日起10日内向受托方提出,受托方应给予解释。

5. 登记基本信息

登记车辆使用性质信息,明确营业性车辆与非营业性车辆。

(1)营业性车辆,即营运车辆,是指凡参加营业性道路运输的,持有交通主管部门颁发的《公路运输经营许可证》车辆。该专业名词用途广泛。

营业性货车主要有:物流企业里从事长途运输的货车及挂靠性质的货车、个体户等专门从事营利性运输的货车等。但不包括公路养护、公安消防、港口作业、地质勘探、输电线路建设等专用车辆。

营业性客车主要有：客运站的客运班车、旅游包车、城市公共汽电客车、出租车等。但不包括卫生救护车辆、机场摆渡车辆、车站内部换乘车辆等，也不包括在驾校、试验场内供教学或实验使用的各种车辆。

目前，由各省(区、市)交通运输厅(委)下属的道路运输管理局归口管理这些营业性车辆，核发《公路运输经营许可证》。其行政管理中：

公路货车通常按照核定载质量(或轴数)来区分，还区分挂车运输、集装箱运输、危险品运输等。

公路客运车辆通常按照客运班车、旅游包车划分，客运班车又按照省际、市际、县(区)际、县(区)内划分。

营业性车辆的特点在于运行强度大、运行环境复杂、运行时间长，技术性能衰退早，以及超载超限运输等。根据 2012 年 12 月发布的《机动车强制报废标准规定》要求，与二手车相关的各种营业性车辆使用年限(最大行驶里程)为：

①小、微型出租客运汽车使用 8 年(60 万 km)，中型出租客运汽车使用 10 年(50 万 km)，大型出租客运汽车使用 12 年(60 万 km)。

②租赁载客汽车使用 15 年(60 万 km)。

③小型教练载客汽车使用 10 年(50 万 km)，中型教练载客汽车使用 12 年(50 万 km)，大型教练载客汽车使用 15 年(60 万 km)。

④公交客运汽车使用 13 年(40 万 km)。

⑤其他小、微型营运载客汽车使用 10 年(60 万 km)，其他中型营运载客汽车使用 15 年(60 万 km)，其他大型营运载客汽车使用 15 年(80 万 km)。

⑥微型载货汽车使用 12 年(50 万 km)，中、轻型载货汽车使用 15 年(60 万 km)，重型载货汽车(包括半挂牵引车和全挂牵引车)使用 15 年(70 万 km)，危险品运输载货汽车使用 10 年(40 万 km)。

⑦全挂车、危险品运输半挂车使用 10 年(无最大行驶里程限制)，集装箱半挂车 20 年(无最大行驶里程限制)，其他半挂车使用 15 年(无最大行驶里程限制)。

(2) 非营业性车辆，即非营运车辆、自备车辆，是指本单位生产、生活服务，不发生费用结算的公路运输。比如，各级党政机关、社会团体、企事业单位自备的车辆，或者仅用于个人或家庭出行的车辆。

根据 2012 年 12 月发布的《机动车强制报废标准规定》要求，与二手车相关的非营业性车辆使用年限(最大行驶里程)为：

中型非营运载客汽车使用 20 年(50 万 km)，大型非营运载客汽车使用 20 年(60 万 km)。

非营业性车辆的使用特点在于运行范围固定、运行环境简单、维修维护状况好，但有的车辆专业化程度高，比如建筑公司的混凝土搅拌车、运输肉制品的冷藏车，一般在二手车市场上难以找到参照价格。

明确了是否为营业性车辆后，再登记车辆基本情况信息，包括车辆类别、名称、型号、生产厂家、初次登记日期、表征行驶里程等。若表征行驶里程与实际车况明显不符，应在《二手车鉴定评估报告》或《二手车技术状况表》有关技术缺陷描述时予以注明。

6. 判别事故车

参照图 2-2 所示车体部位，按照表 2-5 要求检查车辆外观，判别车辆是否发生过碰撞、火烧，确定车体结构是完好无损或者有事故痕迹。

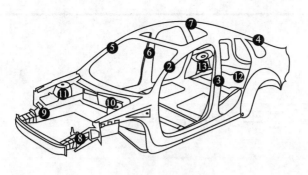

图 2-2 车体结构示意图

车体部位代码表　　　　　　　　　　　　　　　　　　　　　　表 2-5

序　号	检 查 项 目	序　号	检 查 项 目
1	车体左右对称性	8	左前纵梁
2	左A柱	9	右前纵梁
3	左B柱	10	左前减振器悬架部位
4	左C柱	11	右前减振器悬架部位
5	右A柱	12	左后减振器悬架部位
6	右B柱	13	右后减振器悬架部位
7	右C柱		

（1）使用漆面厚度检测设备配合对车体结构部件进行检测，使用车辆结构尺寸检测工具或设备检测车体左右对称性。

（2）根据表 2-5 对车体状态进行缺陷描述（变形 BX、扭曲 NQ、更换 GH、烧焊 SH、褶皱 ZZ），表示形式为"车身部位 + 状态"。例如，4SH 表示左 C 柱有烧焊痕迹。

7. 鉴定车辆技术状况

按照车身、发动机舱、驾驶舱、起动、路试、底盘等项目顺序检查车辆的技术状况。根据检查结果确定车辆技术状况的分值，总分值为各个鉴定项目分值累加，即鉴定总分 = ∑项目分值，满分 100 分。根据鉴定分值，按照下述分值等级鉴定车辆对应的技术等级。

一级，鉴定总分≥90 分；二级，60 分≤鉴定总分＜90 分；三级，20 分≤鉴定总分＜60 分；四级，鉴定总分＜20 分；五级，事故车。

8. 评估车辆价值

根据车辆有关情况，确立评估方法，并对车辆价值进行估算。

9. 撰写及出具鉴定评估报告

根据车辆技术状况鉴定等级和价值评估结果等情况，撰写《二手车鉴定评估报告》，做到内容完整、客观、准确，书写工整。按委托书要求及时向客户出具《二手车鉴定评估报告》，并由鉴定评估人与复核人签章、鉴定评估机构加盖公章。详细内容请参见第五章。

10. 归档工作底稿

将《二手车鉴定评估报告》及其附件与工作底稿独立汇编成册，存档备查。档案保存一般不低于 5 年；鉴定评估目的涉及财产纠纷的，其档案至少应当保存 10 年；法律法规另有规定的，需要遵从其规定。

第三章 二手车价值评估

第一节 二手车评估的价值类型

二手车鉴定评估要遵守国家颁布的法律和法规,按照特定的目的选择与之相匹配的评估标准和方法。二手车评估目的不同,则所得到的二手车评估价值也会不同。二手车价值评估属于资产评估的范畴,根据资产评估的价值类型,可以将评估价值分为市场价值、非市场价值。

市场价值是指在公开市场条件下,自愿买卖的双方不受任何约束与强迫,在评估基准日进行交易的价值估计数额,该数额无法被随意改动;非市场价值是指不满足市场价值成立的资产在非公开市场条件下实现的价值,评估价值也可以相互协商,讨价还价,具有一定的灵活性。市场价值反映了二手车真实的现时价格。通常,为了赚取差价利润,非市场价值会低于市场价值,相当于二手车经销商将车辆从卖方手中收购的价值。

根据二手车评估目的的不同,也可以将评估价值分为:现行市价、收益现值、重置成本、清算价格、报废价值、回用件价值。

一、现行市价

现行市价最基本的特征在于价格源于公平市场,而公平市场的要点在于双方交易行为是自愿的,有足够的精力和能力了解市场行情,不会因为交易时间短促使交易公平性出现偏颇,也不会因为买卖双方了解交易车辆的渠道不同使双方对车辆状况的知情权存在差别,买卖双方均不在垄断地位,也没有受到强制或胁迫。

现行市价法是指通过比较被评估车辆与最近交易的类似车辆间的异同,并根据类似车辆的市场价格进行调整,以确定被评估车辆价值的一种评估方法。现行市价法是最直接、最简单的一种评估方法。

车辆以现行市价估算价值时,有两个必要的条件:

(1)存在一个充分发育、交易活跃、交易公平的二手车市场。

(2)与被评估车辆相同或类似的车辆在市场上有一定的交易量、可比较的指标和技术参数,能够形成市场行情。

二、收益现值

二手车收益现值是指被评估的二手车在报废回收之前的剩余寿命期内,继续使用所能够产生的预期收益累积总额。收益现值法的使用前提是车辆投入使用后还能继续获利。通常,针对营业性车辆采用收益现值法计算该车辆的未来获利能力。

通常,对营业性车辆的购入需要开展可行性评估,只有当预期收益累积总额大于车辆被评估时的折现价值时,才有可能完成二手车的交易。

预期收益累积总额一般按照可继续使用的年份(或月份)来估算。收益现值的处理过程,见图3-1。

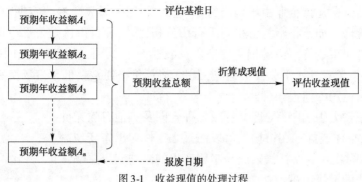

图3-1 收益现值的处理过程

三、重置成本

二手车重置成本是指以现行市价重新购置与被评估车辆相同的新车所支付的费用。强调的是以当前的购买成本购置,而非当初购置新车时的成本。比如,随着人民币的升值或贬值,当初购买新车的支付费用会与当前购买新车的支付费用有差异。所以,重置成本指的是在当前条件下再次购置该新车的支付费用。

买方购入车辆后,车辆的价值就会随着车主保有该车辆的时间延长而发生变化,即使购入后从未使用过,该车辆的价值也会发生变化,即随着汽车工业技术的进步也会发生贬值,由此引发了车辆的重置成本与当初新车购置成本存在差异。

重置成本的特点在于应用范围宽,相对于现行市价、收益现值,适用于没有收益、市场很难找到交易参照物的二手车评估,除上述两种方法外,一些进口的私家车也可以采用重置成本恢复其现行价值。资产评估中,重置成本还被用于学校、医院、公路、桥梁的现行价值恢复。它是国际上公认的三大评估方法之一。

采用重置成本法恢复二手车现行价值时的前提条件是:
(1)该二手车车型在市场上还可以销售,或还可以复原制造。
(2)该二手车还能继续使用。
(3)二手车的实体特征、结构及功能效用必须与恢复后的车辆具有可比性。

根据恢复二手车价值的方式,重置成本又分为复原重置成本、更新重置成本,见图3-2。

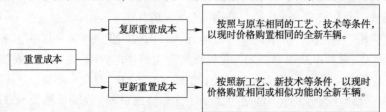

图3-2 不同重置成本方式的区别

在同时可以获得复原重置成本和更新重置成本时,优先选择更新重置成本,在无更新重置成本时可以采用复原重置成本,一般来讲,复原重置成本大于更新重置成本。二者都是采用二手车的现时价格,不同之处在于二手车恢复重置成本后在设计、技术、工艺等方面的差异,而对于限量生产的、稀有的车型来说,其复原重置成本和更新重置成本是一样的。无论是复原重置成本,还是更新重置成本,二手车本身的功能是不变的。

四、清算价格

二手车清算价格是指企业由于破产、抵押违约等原因,被要求在一定期限内将特定的车辆快速变现的价格。如果将清算价格与现行市价相比较,现行市价是公平市场交易的价格,而清算价格则是非市场价值中的拍卖价格。一般情况下,二手车在较短的时间内和强制条件下完成清算,买卖双方处于非公平地位,因此,清算价格通常会低于市场交易价格。

清算价格法适用的前提条件:

(1) 具有法律效力的破产处理文件或抵押合同及其他有效文件。

(2) 车辆以整体或拆零在市场上可以而且必须快速出售变现。

(3) 所交易的收入足以补偿因交易车辆产生的附加支出总额。

清算价格法的适用范围:

(1) 企业破产,是指当债务人不能清偿到期债务时,法院以其全部财产依法清偿其所欠的各种债务。

(2) 抵押,是以所有车辆作为抵押物进行融资的一种经济行为。

(3) 清理,是指企业由于经营不善导致严重亏损,为弄清企业财物现状,对全部财产进行清点、整理和查核,为经营决策(破产清算或继续经营)提供依据,以及因资产损毁、报废而进行清理、拆除等的经济行为。

严格来讲,按照国际惯例,资产评估方法中不包括清算价格法,但是,在我国2005年8月发布的《企业国有资产评估管理暂行办法》中提出了清算价格也是一种独立的评估价值,因此才将其纳入通用的评估价值范畴。

五、报废价值

根据2015年5月发布的《报废汽车回收管理办法》规定:报废汽车的收购价格参照当地废旧金属市场价格,需要依据汽车本身钢铁含量,扣除相关的托运机拆解成本计价。影响报废汽车收购价格的因素有:

(1) 拆解费用。含拆解场内搬运、场地使用费、注销牌照、切割材料的损耗,占收购价的28%。

(2) 回收企业经营管理费,占收购价的20%。

(3) 回收拆解企业增值税,占收购价的18%。

(4) 报废汽车回用件的售价,占金属量的7%~12%。

(5) 托运费用。含拖车、吊车、装卸、搬运、运输,占收购价的1%~12%。

(6) 安全气囊、氟利昂及废弃物无害化处理所产生的环保费用,处置费一般在200元/t。

(7) 钢厂废钢铁收购价一般在1500~2100元/t。各种车型大小不同,含钢量也不相同,若按报废汽车车型收购,各种客车与小型货车(含非金属材料)收购价格为600元/t,中型以上货车(含非金属材料)收购价格一般为900元/t。

六、回用件价值

汽车是由多个系统和零部件组成的,有些系统和零部件的寿命会明显大于汽车的报废年限。汽车报废后,某些系统如变速器、缓速器、音响、空调等,或零部件如制动盘、空气弹簧、轮胎等都可以回收再利用,这些零部件成为报废汽车回用件,回用件还有可利用的价值,称为回用件价值。

据中国物资再生协会的统计,2014 年报废汽车回收量为 206.6 万辆。2015 年回收量为 246.4 万辆,保持显著增长,其中载货汽车回收量增幅较大,2015 年共回收载货汽车 67.1 万辆,同比增长 35.0%。综合考虑报废汽车拆解市场增幅较大的现状,以及废钢铁收购价下滑的影响,一些二手车经销商将报废汽车回用件作为销售点获取利润。在北京、上海、广州等发达地区,部分企业的利润增长中有 60% 是由回用件产生的,对车辆精细化拆解后,寻找同款车型进行匹配。回用件的价值需要通过零部件的探伤与性能检测来确定。

一般二手车的购入价值相对于新车低一些,在二手车买方的支付能力受限时,或买方不愿多花费额外的费用在二手车上,采用同款回用件替换是较为经济的选择,二手车经销与报废汽车回用件存在着潜在的市场,并可以通过"互联网+"的模式延拓市场,从资源充分利用的角度考虑,最大限度地节约全社会汽车零部件材料的使用投入。

第二节　现行市价法

一、概念

现行市价法是指通过比较被评估二手车与最近售出类似二手车的异同,并将类似二手车市场价格进行调整,从而确定被评估二手车价值的一种评估方法。

基本思路是通过市场调查选择一个(或几个)与评估二手车相同(或类似)的二手车作为参照物,分析参照物的构造、功能、性能、新旧程度、地区差别、交易条件及成交价格等,并与评估二手车对照比较,找出两者的差别及价格上的差额,经过分析与调整,计算出二手车的价值。

二、应用前提

(1)存在参照车辆的参考价格是最重要的前提。现行市价法需要有充分发育、活跃的二手车交易市场,有充分的参照车辆可取。在二手车交易市场上,旧车交易越频繁,与被评估相类似的车辆价值越容易被获得。

(2)参照车辆及其与被评估车辆可比较的指标、技术参数等资料是可收集到的,并且价值影响因素明确,可以量化。

(3)运用现行市价法前,应能够找到与被评估车辆且相同(或类似)的参照车辆且在规格、型号、结构、功能、性能、新旧程度及交易条件等方面相似,同时,参照车辆交易时间与车辆评估基准日相差时间相近,最好在一个季度之内。

三、参照车辆选取方法

(1)收集资料。

收集评估对象的资料。包括车辆的类别、名称、型号、性能、生产厂家,以及出厂年月;了解车辆目前使用情况、实际技术状况,以及尚可使用的年限等。

(2)选择参照车辆。

选定二手车交易市场上可进行参照的对象,参照内容包括车辆本身可比性内容和外部

交易环境参考内容。其中,交易的车辆可比性内容包括:

①车辆型号。

②制造年份。

③车辆制造商。

④车辆使用性质,如私用、公务、商务、营运车辆。

⑤车辆使用年份及累计行驶里程数。

⑥车辆结构与技术状况。

车辆的外部交易环境参考内容包括:

(1)二手车的市场状况,是指交易车辆的市场处于衰退萧条或复苏繁荣,供求关系是买方市场还是卖方市场。生僻车型的二手车市场较为冷淡,畅销车型的二手车市场供需紧张,表3-1为2017年10月B级轿车新车销量。

2017年10月B级轿车新车销量　　　　　　表3-1

排名	品牌	车型	10月销量(辆)	去年同期(辆)	同比(%)	环比(%)
1	大众	迈腾	17997	19980	-9.92	-14.34
2	本田	雅阁	15646	18324	-14.61	5.49
3	雪佛兰	迈锐宝	14521	9798	48.20	6.35
4	现代	名图	12873	14481	-11.10	-15.20
5	奥迪	奥迪A4	11338	6229	82.02	-13.97
6	福特	新蒙迪欧	11226	4275	162.60	4.54
7	大众	帕萨特	11225	18627	-39.74	-35.88
8	别克	君越	11037	10008	10.28	18.98
9	奔驰	奔驰C级	10064	8517	18.16	-8.13
10	日产	天籁	9409	6586	42.86	0.59

通常来讲,市场保有量大的二手车交易价格会偏高,保有量少的二手车交易价格会较低。同品牌同车型不同版型(经济版、舒适版、豪华版)的二手车价格差异也会很大。从表3-1中的车型系列分析可知,说明买方仍以保有量、使用经济性为参照因素,与2016年10月不同,大众帕萨特的新车交易量下降,是市场选择的结果。对于二手车,买方还是希望少支出,以获得性价比较高的大品牌。

(2)交易动机和目的。车辆出售是以清偿为目的或以淘汰转让为目的,二手车交易价格低于该车型市场成交价格;买方是获利转手倒卖或是购置自用,可以参考市场价格。所以,不同情况交易价格差别较大。被评估的二手车应考虑、分清参照车辆的交易动机和目的。

(3)车辆所处的区域位置。不同地区的交易市场,同样车辆的价格差别较大。畅销车型在某区域热门,不一定在全国都热门,且这种现象在全国普遍存在。

以日系车辆为例,因为其性能稳定、油耗低,在南方一直都是热门车,而在北方不如南方畅销;还有一些品牌也存在着地区差异,例如东南汽车,因为性价比很高、性能优异,在福建是热门、销量很大,但是在其他地区销量较少。

大中型城市里的买方对二手车接受程度高,这也是大量二手车在大中型城市集中的原因,区域差价是车辆集中到大中型城市的关键动力。现阶段,许多城市颁布了限牌政策、排放标准限制政策等,对当地二手车价格产生了很大的影响。

(4)成交数量。单台交易与成批交易的价格有一定的差别,批量大时单车成交价格会较低,达到了卖方心理价位的平衡。

(5) 成交时间。应尽量采用近期成交的车辆做类比对象。由于市场随时间的变化,往往受通货膨胀及市场供求关系变化的影响,价格有时波动大。交易时间通常划分到年份(或月份)为止,不再细分至日期。

(6) 付款方式。被评估二手车对付款方式差异的调整,通常是以一次性付款方式为假定前提。而目前分期付款方式形式多样,个人信贷方式多元化,如果参照车辆评估时采用了分期付款方式,则可按当期银行利率将各期分期付款额折现累加,即可得到一次性付款总额。

按以上可比性因素选择参照对象,一般选择与被评估对象相同(或类似)的三个以上的交易案例。首先要认定其成交价的合理性,才能作为参照对象。某些情况找不到多台可类比的对象时,应按上述可比性因素,仔细分析选定的参照车辆是否具有代表性。

四、优缺点

优点在于能够客观反映二手车目前的市场情况,其评估的参数、指标直接从市场获得,评估值能反映市场现实价格;结果易于被各方面理解和接受。

缺点在于需要公开及活跃的市场作为基础。我国二手车市场还只是刚刚建立,寻找参照物有一定的困难;可比内容繁多而复杂,由于驾驶员操作技能、维护水平、使用条件等因素作用,车辆损耗都各不相同。

五、应用场合

现行市价法要求评估人员经验丰富,熟悉车辆的评估鉴定程序、鉴定方法和市场交易情况,那么采用现行市价法评估时间会很短。因此,特别适合应用于成批收购、鉴定和典当。单件收购估价时,还可以讨价还价,达到双方都能接受的交易价格。

六、评估方法

1. 类比调整法

在公开市场上找到与被评估二手车车况完全相同的情况很少,被评估二手车的价值或多或少都要经过计算修正和调整。尽管寻找完全相同车况的参照车辆难以实现,但也值得花费时间搜寻。多数情况下,参照车辆只要与被评估二手车的车况大致相同,就可以纳入参照范围,不必完全相同。

被评估二手车在车况方面没有明显缺陷,能够以同样的效率完成规定的功能,一些较宽泛的评价指标如使用年份、累计行驶里程等相同(或类似)。通过非常精确的技术手段,检查出二手车在某次恶劣环境下使用对该车辆产生的影响是不现实的,也不值得耗费人力、物力成本。

可以根据所选择的相同(或类似)的参照车辆,将其售价直接赋予被评估二手车作为其评估价格,双方协商进行一定的微调即可。

需要指出的是,这种方法仅限于被评估二手车与参照车辆间差异很小的情况,如果参照车辆的数目不受限,最好能够多选用几个参照价格,多个价格取平均值能规避个别车辆价格虚高的个案问题,特别是在买家对二手车价格敏感的情况下。

以类似被评估二手车的参照车辆交易价格作为基数,其基本计算方法为:

$$P = P_0 \pm \Delta P \tag{3-1}$$

或

$$P = P_0 \cdot k \tag{3-2}$$

式中：P——被评估二手车的价值；

P_0——参照车辆的价值；

ΔP——参照车辆与被评估二手车的价值差异；

k——调整系数。

首先，根据现行市价法的评估步骤，一般按照优先级搜寻参照车辆。优先级为：车辆制造商＞车辆型号＞制造年份＞车辆使用性质＞累计行驶里程＞使用年份＞车辆技术状况鉴定＞参照车辆交易价格。

然后，了解参照车辆的市场状况、交易区域位置、车辆使用性质等信息。搜寻方式有交易历史文献、交易信息公布平台等。现阶段，一些基于 B2C、C2C 的交易平台，如瓜子二手车、人人车、优信二手车、第一车网、华夏二手车网、58 同城等网站和移动终端 APP 均提供了交易案例和现时报价，也可以依托这些网站成交单的后台数据库进行统计分析。

选取的参照车辆至少为 3 辆，交易过程不能存在以下偏好：

(1) 急于将参照车辆变现的交易。

(2) 交易双方中有一方存在交易特权的交易。

(3) 无正式发票或交易税费非正常负担的交易。

最后，通过类比微调确定被评估二手车的价值。基本思路是：优先选用使用年份和累计行驶里程等容易量化的、综合性的指标，将重要的、复杂的指标量化分解，将无法量化的零部件参照可以量化的零部件功能进行量化，主要是对买方所需的功能进行量化。

(1) 从车辆结构来讲，应解读 VIN 码、发动机型号，重要的系统和零部件如车架、发动机、变速器、轮胎等均有型号可供查阅；发动机主要按照排量区分价格，但并非排量越大，价格就越高，一些大排量发动机的交易车辆数少，买方也难以承受大排量发动机带来的燃油费用，导致最终交易价格并不如愿。

一般来讲，市区用轿车 1.8T 的涡轮增压发动机在贵阳、重庆等山地城市足以满足动力性的要求，较为受欢迎，其车辆（B 级车）的市场价格也比非涡轮增压发动机高 6000 元左右。同排量的自动变速器新车比手动变速器新车贵 8000 元左右，二手车交易价格可参照新车价格适度折减。轿车轮胎一般 500~700 元/条，轮胎胎侧上有 4 位数字，表示轮胎的生产年份，其后两位表示该轮胎的生产年份，前两位表示该年份内的生产周次，见图 3-3。

a) 米其林轮胎

b) 邓禄普轮胎

图 3-3 轮胎的生产年份

由图 3-3 可见,米其林轮胎的生产日期为 2012 年第 33 周,即 2012 年 8 月生产的;邓禄普轮胎的生产日期为 2015 年第 41 周,即 2015 年 10 月生产的。按照轮胎的生产日期可以折算被评估车辆的价值。

(2)从使用年份来看,参照车辆的交易时间尽量靠近被评估二手车的评估基准日。若交易时间在评估基准日之前,可以调整参照车辆的交易时间。

在此引入汽车保值率的概念,又称残值,是指车辆在使用几年后,将其卖出时的价格与新车价格的比值。不同使用年限的二手车保值存在明显差异,根据 2017 年 11 月二手乘用车(B 级)销售的价格数据绘制保值率曲线,见图 3-4。

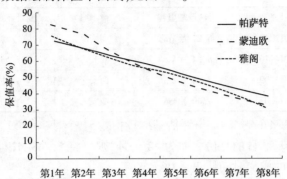

图 3-4 不同使用年限的 B 级二手乘用车保值率

由图 3-4 可见,帕萨特轿车的二手车保值率高于蒙迪欧轿车和雅阁轿车,以 2017 年为起始,连续 8 年内的平均保值率经计算为 55.81%,主要原因为其市场保有量大。蒙迪欧轿车、雅阁轿车的近 8 年内的平均保值率分别为 55.07%、53.82%。

(3)从车辆所处的区域位置来讲,同一款参照车辆在不同地区的交易价格有明显差异。例如,被评估二手车为 2015 款捷达 1.6L 手动时尚型,交易位置限于西安,评估基准日为 2017 年 12 月 11 日,参照车辆的具体情况见表 3-2。

2015 款捷达 1.6L 时尚型的参照车辆示例　　　　表 3-2

参照车辆	首次上牌时间	累计行驶里程	所 在 地	变 速 器	评估价格
车辆 1	2013.11.22	5.10 万 km	太原	手动	6.10 万元
车辆 2	2013.11.10	5.00 万 km	西安	手动	6.38 万元
车辆 3	2013.11.15	5.00 万 km	广州	手动	5.77 万元
车辆 4	2013.11.16	5.00 万 km	南昌	手动	5.59 万元

由表 3-2 可见,首次上牌时间和累计行驶里程相差无几,但在不同区域位置的售价明显不同。北方地区捷达车辆的保有量大,贬值速度较慢,特别是一些省会城市如哈尔滨、长春、石家庄等,捷达车常被用于出租车营运,保有量更大,导致其保值率偏高。

因此,在收集同款参照车辆时交易的区域位置是必须要考虑的因素,特别是交易位置在某些非省会(或计划单列市)的地级市、县城,其交易价格反映的是综合因素考虑后的结果,应仔细核对。

上述被评估的西安市捷达车,应尽量寻找其他交易地在西安的参照车辆,即使首次上牌时间和累计行驶里程不同也可以比较。若将西安的参照车辆和广州的同款参照车辆相比较,一些车型不具备可比性。

(4)从成交数量来讲,二手车拍卖是以批量售出形式为主的,车主需要签好委托拍卖合同,一般成交率不高;竞价是由二手车市场组织场内经销商进行投标,出价最高的公司可与车主交易,车主可以卖或不卖且没有底价限制和委托费用,交易有保障,价格也比较公道。

通过拍卖和竞价方式售出的二手车价格,是成批捆绑的二手车价格,当选中其中某一辆二手车作为参照车辆时,往往需要考虑批量成交的二手车数量。

(5)从成交时间来讲,通常按车辆的已使用月份计算。例如,被评估的二手车为2014年1月购置的2013款迈腾1.8T领先型,评估基准日为2017年12月11日,选取4部参照车辆的具体内容见表3-3。

2013款迈腾1.8T领先型的参照车辆示例　　　　　　　　　　　　　　　表3-3

参照车辆	首次上牌时间	累计行驶里程	所在地	变速器	评估价格
车辆1	2013.10	6.27万km	西安	自动	14.39万元
车辆2	2014.10	8.24万km	西安	自动	12.96万元
车辆3	2013.09	5.00万km	西安	自动	15.50万元
车辆4	2014.07	4.00万km	西安	自动	15.98万元

由表3-3可见,参照车辆1~4与评估基准日相差51个月、41个月、52个月、44个月,而被评估二手车与评估基准日的月份之差为48个月,则可将51/48、41/48、52/48、44/48计为对参照车辆评估价值的成交时间修正系数。

同时注意到,参照车辆1晚于参照车辆3的首次上牌时间1个月,但累计行驶里程高出1.27万km。虽然参照车辆3的首次上牌时间较早,但是其评估价格还是高于参照车辆1。表明评估过程中累计行驶里程的指标使用优先级高于使用年份。

(6)从付款方式来讲,分为一次性付款和分期付款。一次性付款的参照车辆价值可以直接赋给被评估二手车,但分期付款的参照车辆,因存在分期付款手续的因素,需要通过计算还原参照车辆的评估价格。

二手车交易平台提供了车辆贷款的线上流程,见图3-5。

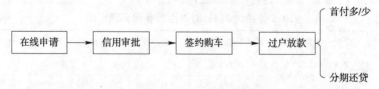

图3-5　二手车分期贷款

由图3-5可见,首付可自主选择,一般为20%~40%,实际上贷款购车的实际花费要比一次性购车的花费大一些。信用卡分期购车一般没有利息,不过会有分期手续费,有的是银行分期收取,有的是在第一期还款时一次性支付。

分期还贷的期数越多,花费越大。12期的手续费为3%~5%,24期为4%~7%,36期就会超过8%,而不同车型所收取的手续费可能也会有差异,若是畅销车,手续费就会相应更高。私家车贷款期限不超过5年,商用车贷款期限不超过3年。

【案例1】　某人购置20万元二手轿车,首付30%,分期12期还款,免息,但每期手续费3%,购置税费18000元,牌照费300元支出见表3-4。

税费与保险费支出　　　　　　　　　　　　　　　　　　　　　　　　表3-4

必要支出	首付	牌照费	购置税	还款期数
费用	车款30%	300元	18000元	12期

试问:该二手轿车在分期费用结清后,除第一年以后的税费等费用外,购置该车合计支出费用?

【解答】 首付款200000元×30% = 60000元。

税费、保险及上牌费合计950元 + 360元 + 300元 + 8100元 + 18000元 = 27410元。

则购车前一次性支付60000元 + 18300元 = 78300元。

但剩余车款200000元 - 60000元 = 140000元,因需要分12期免息贷款,则每期还款11667元。

按每期手续费3%,则每期还款11667元×(1 + 3%) = 12017元;

12期还款过后,实际还款12017元×12 = 144204元。

通过计算,买方购置该车实际还款60000元 + 144204元 = 204204元,多还4204元。第一次办理购置税费、牌照费支出18300元,则买方因购置该车实际支出204204元 + 18300元 = 222504元,其中不含该二手车使用期内每年的保险费。

如果买方采用一次性付款的方式,则因购置该车实际支出200000元 + 18300元 = 218300元。分12期付款与一次性付款相差4204元。

通过案例1的分析可知,购置该二手轿车的分期付款费用明显高于一次性付款费用,如果还款分期数增加为36期,则手续费至少为8%,最终合计还款更多。

通过这种方式可以根据交易价格计算参照车辆的评估价格,以便与被评估二手车进行对比。

【案例2】 某二手车市场上有6台相同的车辆待出售。经调查,该地区市场上此车辆每年平均只售出2辆。卖方同意以优惠价格一次性同时出售6辆汽车,可选择的近期交易参照车辆单价为4万元,折现率为10%。试用现行市价法评估此6辆汽车的现值。

【解答】 直接以参照车辆的价格出售,即每辆汽车4万元。

当年销售2辆汽车,可得销售收入为2×4万元 = 8万元。

其余4辆汽车如逐年销售,2年后才能售完。每辆汽车4万元,以参照车辆为标准,未来每年可得销售款8万元。以此为基础,折算该4辆汽车的现值,折现率为10%,则根据未来收益现值法的公式,可计算该4辆二手车的现值为:

$$80000 元 \times \frac{(1+10\%)^2 - 1}{10\%(1+10\%)^2} = 138843 元$$

最终,该6辆二手车同时出售的评估值为80000元 + 138843元 = 218843元。

2. 保值率评估法

车辆保值率,是指车辆卖出的价格与新车价格的比值。车辆保值率是贯穿一款车型生命周期的价值曲线,曲线的轴向决定了该款汽车在不同年限的真实价值。乘用车的价值在使用3~6年区间比较稳定,因此保值率排名以车型在第4年的保值率为依据。中国汽车流通协会每年分别以车型的级别、价格区间、品牌属性等公布相应的排名情况。二手车保值率的计算方法为

$$\beta = \frac{P_0}{R_0} \times 100\% \tag{3-3}$$

式中:β——保值率;

P_0——参照车辆的交易价格;

R_0——参照车辆的新车价格。

则被评估二手车的评估价值为

$$P = \beta R \tag{3-4}$$

式中：P——被评估二手车的评估价值；

R——被评估车辆的新车价格。

新车价格需要根据区域位置决定，这取决于被评估二手车的所在城市。所以，式(3-4)的关键在于参照车辆保值率水平。根据车辆使用年限不同，各档次乘用车的保值率见表3-5。

乘用车保值率拟合值　　　　　　　　　　　　表3-5

乘用车等级	第1年	第2年	第3年	第4年	第5年	第6年	第7年	第8年
A级	74.64	67.39	60.71	54.09	47.96	38.84	32.81	27.89
B级	77.46	71.34	63.26	57.03	51.05	45.42	39.71	33.92
C级	71.18	65.74	60.22	54.69	49.21	40.81	34.20	29.89

由表3-5可见，B级车辆的保值率在每个阶段都偏高于A级、C级车辆。B级乘用车的保值率曲线见图3-2，A级、C级乘用车的保值率曲线见图3-6、图3-7。

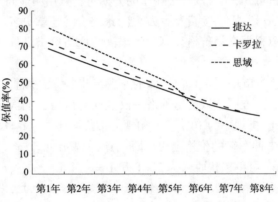

图3-6　不同使用年限的A级二手车保值率

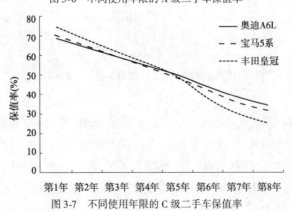

图3-7　不同使用年限的C级二手车保值率

由图3-6、图3-7可见，假如车龄为1年左右，A级和C级二手车价格为新车价的70%～80%，C级二手车在使用5年后，保值率降幅明显。日系车辆相对于德系车辆在新车购入前5年的保值率偏高，而后降幅明显。综合比较，B级车要比A级车和C级车更为保值。A级车辆虽然保有量大，品质不如B级车辆，C级车辆虽品质较B级车辆好，但保有量不大。

保值率β的特征主要体现在品牌影响力、新车售价稳定性、市场占有率、政策与法规。二手车品牌是影响保值率最为重要的因素,主要是涵盖了车辆的工艺、质量、售后服务、配件、行驶成本等方面的问题。一些研究结果显示,不同品牌、不同车型的保值率差别非常大。比如,已使用2年的乘用车保值率可以从40%到65%不等。这意味着2辆售价均为10万的新车,虽然其出厂时的性能配置差不多,但是2年后其在二手车市场的价格会差15000元。

从新车售价稳定性来讲,自主品牌在保值率上无法同合资品牌竞争,这很大程度上与自主品牌厂家新车频繁降价、车型更新快有直接的关系。这种销售和定价战略虽然短期可以拉动新车销售,但对品牌保值率有负面影响。

2016年B级车辆保值率排行榜见表3-6。

2016年B级车辆保值率排行榜　　　　　　　　　　　　　　　　表3-6

排名	1年保值率(%)		2年保值率(%)		3年保值率(%)		4年保值率(%)	
1	一汽大众迈腾	77.91	上海大众帕萨特	72.99	一汽大众迈腾	67.93	上海大众帕萨特	63.04
2	上海大众帕萨特	77.75	一汽大众CC	72.87	上海大众帕萨特	67.80	一汽大众迈腾	62.87
3	一汽大众CC	77.56	一汽大众迈腾	72.57	一汽大众CC	67.57	一汽大众CC	62.61
4	广汽丰田凯美瑞	75.25	广汽本田雅阁	70.18	奥迪A4L	65.25	广汽丰田凯美瑞	60.13
5	奥迪A4L	75.06	广汽丰田凯美瑞	70.10	广汽本田雅阁	64.91	奥迪A4L	59.92
6	一汽丰田锐志	74.88	奥迪A4L	69.82	广汽丰田凯美瑞	64.73	广汽本田雅阁	59.50
7	广汽本田雅阁	74.70	一汽丰田锐志	69.57	一汽丰田锐志	64.57	一汽丰田锐志	59.50
8	现代名图	71.10	雪佛兰迈锐宝	65.60	日产天籁	61.00	日产天籁	56.20
9	日产天籁	70.42	日产天籁	65.44	别克君越	60.33	福特蒙迪欧	55.39
10	雪佛兰迈锐宝	70.18	一汽马自达6	65.24	现代索纳塔	60.20	宝马3系	55.29

运用保值率确定被评估二手车的评估价格时,应确保参照车辆为同车型的车辆,另外,参照车辆的使用年限应与被评估二手车的相同,以减少因使用年限不同而产生的误差。应尽量在市场上寻找同品牌、车型、年份、配置的车辆作为参照车辆,也应注意到每种车型的保值率都是随市场环境变化而时刻发生波动的,并非一成不变。所以,按照车型统计的保值率需要时常更新;同时,受汽车保有量的影响,获取保值率在一些地区较为困难,可以按照全国范围内的保值率计算,将保值率赋予该被评估二手车。

【案例3】　某一汽大众捷达轿车及公开市场上的参照车辆技术与经济参数见表3-7,试对被评估二手车运用现行市价法评估。

一汽大众捷达轿车及参照物的技术经济参数　　　　　　　　　　　表3-7

技术经济参数	参照车辆1	参照车辆2	参照车辆3	参照车辆4	被评估二手车
车辆型号	2015款1.6L手动时尚型	2015款1.6L手动时尚型	2015款1.6L手动时尚型	2015款1.4L自动舒适型	2017款1.5L自动舒适型
交易时间	2017年4月	2017年2月	2016年8月	2016年8月	2017年8月
初次登记年月	2018年1月	2015年12月	2015年11月	2015年6月	2018年5月
已使用时间	10个月	15个月	10个月	15个月	10个月
成新率	77%	68%	75%	69%	76%
交易数量	1	1	1	1	1
付款方式	一次性付款	一次性付款	一次性付款	一次性付款	一次性付款

续上表

技术经济参数	参照车辆1	参照车辆2	参照车辆3	参照车辆4	被评估二手车
地点	西安	西安	西安	西安	西安
物价指数	0.98	0.98	0.97	0.97	0.97
价格(万元)	7.3	6.6	7.6	6.4	求评估值

【解答】

(1) 以参照车辆1进行各项差异化调整。

①结构性能差异量化调整。参照车辆1的发动机为EA211型、1.6L排量、国Ⅳ(国Ⅴ)环保标准,变速器为5挡手动变速器;被评估二手车的发动机同样为EA211型、排量为1.5L,变速器为自动变速器。按照评估基准日该项结构化差异为4000元。

②销售时间(行驶里程)差异量化与调整。$0.97/0.98 = 0.99$。

③新旧程度差异化与调整。该项调整量应为7.3万元 × (77% - 76%) = 0.073万元。

④销售数量与付款方式无差异。

⑤被评估二手车价值的差异化调整量为(4000元 - 730元) × 0.99 = 3237元,则被评估二手车的评估价值为7.3万元 + 3237元 = 76237元。

由于$0.3237/7.3 = 4.52\%$的价格调整未超过±10%,可选作参照车辆。

(2) 以参照车辆2进行各项差异化调整。

①结构性能差异量化调整。参照车辆1的发动机为EA211型、1.6L排量、国Ⅳ(国Ⅴ)环保标准,变速器为5挡手动变速器;被评估二手车的发动机同样为EA211型、排量为1.5L,变速器为自动变速器。按照评估基准日该项结构化差异为4000元。

②销售时间(行驶里程)差异量化与调整。$0.97/0.98 = 0.99$。

③新旧程度差异化与调整。该项调整量应为6.6万元 × (68% - 76%) = 0.528万元。

④销售数量与付款方式无差异。

⑤被评估二手车价值的差异化调整量为(4000元 + 5280元) × 0.99 = 9187元,则被评估二手车的评估价值为6.6万元 + 9187元 = 75187元。

由于$-0.9187/6.6 = -13.92\%$的价格调整超过±10%,因此不可选作参照车辆。

(3) 以参照车辆3进行各项差异化调整。

①结构性能差异量化调整。参照车辆1的发动机为EA211型、1.6L排量、国Ⅳ(国Ⅴ)环保标准,变速器为5挡手动变速器;被评估二手车的发动机同样为EA211型、1.5L排量,变速器为自动变速器。按照评估基准日该项结构化差异为4000元。

②销售时间(行驶里程)差异量化与调整。$0.97/0.97 = 1.00$。

③新旧程度差异化与调整。该项调整量应为7.6万元 × (75% - 76%) = 0.076万元。

④销售数量与付款方式无差异。

⑤被评估二手车价值的差异化调整量为(4000元 + 760元) × 1.00 = 4760元,则被评估二手车的评估价值为6.6万元 + 4760元 = 70760元。

由于$0.476/7.6 = 4.26\%$的价格调整未超过±10%,可选作参照车辆。

(4) 以参照车辆4进行各项差异化调整。

①结构性能差异量化调整。参照车辆1的发动机为EA211型、1.4L排量、国Ⅳ(国Ⅴ)环保标准,变速器为自动变速器;被评估二手车的发动机同样为EA211型、排量为1.5L,变

速器为自动变速器。按照评估基准日该项结构化差异为1000元。

②销售时间(行驶里程)差异量化与调整。0.97/0.97=1.00。

③新旧程度差异化与调整。该项调整量应为6.4万元×(69%-76%)=0.448万元。

④销售数量与付款方式无差异。

⑤被评估二手车价值的差异化调整量为(1000元+4480元)×1.00=5480元,则被评估二手车的评估价值为6.4万元+5480元=71480元。

由于0.548/6.2=8.84%的价格调整未超过±10%,可选作参照车辆。

综合参照车辆2、参照车辆3、参照车辆4的交易价格,被评估二手车的评估价值76237元、70760元、71480元的算术平均值为72826元。

第三节 重置成本法

一、概念

重置成本法是指按重新购置或建造一个全新状态的被评估车辆需要的全部成本,扣除其现时的实体性贬值、功能性贬值和经济性贬值后,得出被评估二手车评估价值的一种评估方法。可以采用数学式表达:

$$P = P_r - (P_u + P_f + P_e) \tag{3-5}$$

式中:P——被评估二手车的评估价值;

P_r——被评估二手车的重置成本;

P_u——二手车的实体性贬值;

P_f——二手车的功能性贬值;

P_e——二手车的经济性贬值。

(1)二手车的实体性贬值P_u是指二手车在存放和使用过程中,由于磨损和自然损耗(如锈蚀、老化等),而导致车辆实体发生的价值损耗。可以表示为:

$$P_u = P_r \times \lambda \tag{3-6}$$

式中:P_u——被评估二手车的实体性贬值;

λ——二手车的实体性贬值率。

关键在于P_r与λ的确定。P_r可以通过车辆购置时的直接成本和间接成本计算,或者通过物价指数法确定,在后面的叙述中会对此进行介绍;实体性贬值率λ的确定可以采用观察法、使用年限法两种方法来确定。

①观察法,是指由评估人员对车辆的实体总成、部件进行技术鉴定,综合分析车辆的设计、制造、使用、磨损、维护、修理、大修、改装等情况,将评估对象与其全新状态相比较,主要考察磨损和自然损耗(如锈蚀、老化等)对车辆功能、技术状况带来的影响,判断被评估车辆的实体性贬值率(表3-8)。

车辆实体性贬值率参考表　　表3-8

等级	车辆状况	实体性贬值率(%)
全新	全新车、待出售、尚未使用、状态极佳	0~5
很好	车辆新、只少数使用过、无需任何修理和换件	10~15

续上表

等 级	车辆状况	实体性贬值率(%)
良好	半新车辆,经历过维修或更换一些易损件,状态良好,故障率低,可随时出车使用	20~35
一般	车辆较为陈旧;需要进行修理或更换零部件,才能恢复原使用性能;在用状态良好;外观受损,但恢复良好	40~60
尚可使用	可运行的老旧车辆。需要修理或更换零部件,故障率较高,外观油漆脱落,锈蚀程度明显,技术状况较差	65~80
状况不佳	经历过多次修理的老旧车辆,大修并要更换主要零部件方可运行	85~90
报废	接近报废阶段,已达到规定使用年限,接近丧失使用功能	95~100

这种方法的准确性依赖于评估人员的专业水平和评估经验。

②行驶年限法。计算方法为

$$P_u = (P_r - P_s) \times \frac{Y}{Y_g} \times 100\% \tag{3-7}$$

或

$$P_u = (P_r - P_s) \times \frac{L}{L_g} \times 100\% \tag{3-8}$$

式中:P_s——被评估二手车的残值;
Y——已使用年限;
Y_g——规定使用年限;
L——已行驶里程;
L_g——规定的行驶里程。

残值P_s是指被评估二手车在报废时的净回收价值,回收时按照废旧钢铁的质量回收计价,废钢铁回收价格为600~800元/t,所以在鉴定估价中,由于残值价值量较小,通常忽略不计。已使用年限Y按照月份数计算相对于年份数更为精确,特别是在被评估二手车购置不久的情况下;运用行驶里程L计算应先检查里程表是否有更换和窜改的情况。

【案例4】 某人2015年8月购置了一辆私用轿车,规定使用年限为15年,该人于2017年12月打算卖掉该车辆,残值忽略不计,车辆原始成本为20万元,试用使用年限法计算该车辆的实体性贬值。

【解答】 该车辆的实体性贬值率为

$$\lambda = \frac{Y}{Y_g} \times 100\% = \frac{29}{180} \times 100\% = 16.11\%$$

则

$$P_u = P_r \times \lambda = 20\,万元 \times 16.11\% = 3.22\,万元$$

该汽车的实体性贬值为3.22万元。

(2)二手车的功能性贬值P_f是指因车辆的效用、生产能力、功耗、能耗等随使用发生变化引起的使用成本增加和效益降低,或因新技术的发展(替代品、替代技术)导致车辆陈旧造成的技术明显落后、性能降低带来的价值减少,是一种无形损耗。比如自动泊车系统的发展使得车辆的车内倒车影像贬值;发动机自动起停技术(STT)的发展使其燃油经济性变好,引起车辆价值的无形损耗。即使同车型的车辆，不同版型的配置也可以体现功能性贬值，比如同款车型的豪华版与经济版的车辆相比，豪华版的车辆贬值速率较低配的经济版慢一些。

①一次性功能贬值。目前，市场上能够购置的到且制造厂家保持在产的车辆，即认为该车辆的功能性贬值已经包含在现行市价之中了。理论上讲，车辆的复原重置成本与更新重置成本的差值即为该车辆的一次性功能贬值，但由于复原车辆的重置成本较为困难，所以一般采用更新重置成本作为已经考虑其一次性功能贬值。

当被评估二手车已经停产或是国内自然淘汰的车型，没有实际市场价值，只能采取参照车辆的价值来估算，而参照车辆通常采用替代车型的车辆。替代车型的功能比原有车型有所改进和增加，故其价值会比原车型的价格要高一些。所以，当评估原车型的价值时，要了解参照车辆在功能方面改进或提高的情况，再按功能变化情况测定原车辆的价值。有时被替代车型与参照车辆的价格相差很大，主要应获得该车型的现行市价或类似车型的现行市价。

②营业性功能贬值的估算。计算营业性功能贬值的步骤为：首先，选定参照车辆，找出营运成本有差别的内容和价值；其次，确定原车辆的尚可继续使用年限；再次，确定应上交所得税率及当前的折现率；最后通过计算超额收益或成本降低额，计算出营业性功能贬值。

【案例5】 现有1辆载货汽车A，燃料经济性指标为30L/100km，平均每年维修费用为3万元。以当前新出厂的同型车辆B为参照车辆，燃料经济性指标为25L/100km，平均每年维修费用为2.5万元。若载货汽车A和载货汽车B在其他方面的支出大致相同，载货汽车A还可以再继续使用6年，每年平均出勤日330天，每天运行300km，所得税按照25%计算，折现率为11%，柴油价格取6.5元/L，A、B车辆的重置成本基本相同，试估算被评估二手车的营业性功能损耗。

【解答】 被评估车辆的每年油耗超额费用为

$$(30L/100km - 25L/100km) \times 6.5 \text{元}/L \times \frac{300km}{100} \times 330km = 32175 \text{元}$$

被评估车辆的每年维修超额费用为

$$30000 \text{元} - 25000 \text{元} = 5000 \text{元}$$

被评估车辆的年超额营运成本为

$$32175 \text{元} + 5000 \text{元} = 37175 \text{元}$$

被评估车辆的年超额营运成本净额为

$$37175 \text{元} \times (1 - 25\%) \approx 27881 \text{元}$$

将被评估车辆在剩余使用年限内的年超额营运成本净额折现累加，估算其营业性功能性损耗为

$$27881 \text{元} \times \frac{(1 + 11\%)^6 - 1}{11\% \times (1 + 11\%)^6} \approx 117952 \text{元}$$

则被评估车辆的营业性功能损耗为117952元。

(3) 二手车的经济性贬值 P_e 是指由于外部经济环境变化引起的贬值，也是一种无形损耗。影响车辆经济性贬值的主要外部经济环境因素有：

①生产能力相对过剩引起的经济性贬值。

②生产要素提价，产品售价没有提高引起的经济性贬值。

③缩短车辆的使用寿命引起的经济性贬值。

具体来说,如国家车辆报废、环保等相关政策、货币升值与贬值、车辆所处的区域位置、市场需求量的变化,各品牌车辆加剧竞争使得车辆售价下降,车辆零部件供应方式的改变等。例如,目前国家正在实施机动排放第五阶段标准(国Ⅴ),使得国Ⅳ标准的二手车辆价值明显降低,特别是商用车辆受到影响更大。从某种程度上讲,经济性贬值类似于机会成本的概念,当二手车辆产生的经济回报率小于同价值车辆产生的社会基准回报率时,该二手车辆的经济性贬值就会出现。

对于营业性车辆来讲,通常采用两种方式计算经济性损耗,一种是利用车辆年收益损失额折现累加计算,另一种是通过车辆利用率的变化来估算。

①如果非车辆本身的因素发生变化,导致车辆营运收益的减少或投入成本的增加额能够被估算来,则可直接按车辆的继续使用期间每年的收益损失额折现累加,以求得车辆的经济性损耗。可以表示为:

$$P_e = P_1 \times (1-t) \times \frac{(1+i)^n - 1}{i \times (1+i)^n} \tag{3-9}$$

式中: P_e——被评估车辆的经济性贬值;
P_1——被评估车辆的年收益损失额;
t——所得税税率;
i——折现率。

年收益损失额只能根据非车辆本身的因素(外界因素)来计量,不能把因技术落后等自身因素造成的收益损失额归入此类。

【案例6】 某营业性出租车已使用4年,由于国家行业政策和检测标准发生了变化,该车辆每年较上一年度平均需增加4000元方可满足相关规定的要求,按照所得税率25%计算,适用折现率取为11%,试估算被评估车辆的经济性损耗。

【解答】 按照《机动车强制报废标准》的规定,出租车的使用年限为8年,从车辆购置日算起,至评估基准日为止,该车辆已使用年限为4年,该车剩余使用年限为4年。则该车辆的经济性损耗为

$$P_e = 4000\ 元 \times (1-25\%) \times \frac{(1+11\%)^4 - 1}{11\% \times (1+11\%)^4} \approx 9307\ 元$$

则该出租车的经济性损耗为9307元。

②如果由于外界因素的影响,导致车辆的利用率下降,可按照以下公式计算车辆的经济性损耗:

$$i_e = \left[1 - \left(\frac{w}{w_n}\right)^x\right] \times 100\% \tag{3-10}$$

式中: i_e——被评估车辆的经济性损耗率;
w——被评估车辆的实际工作量;
w_n——被评估车辆的正常工作量;
x——规模效益指数($0 < x < 1$)。

车辆的运输量与投入成本之间并非呈线性关系。当车辆的运输量受到宏观经济形势或运输市场的季节性因素影响,降至正常运输量的一半时,其投入成本也不会随之降至正常投入成本的一半。规模效益指数 x 的取值一般在 $0.6 \sim 0.7$。

在经济性贬值中应考虑估算的前提,即以评估基准日以后是否停用、闲置或半闲置作为

估算依据;对于已经封存或较长时间停用,在近期内仍将闲置,但今后肯定要继续使用的车辆最简单的估算方法是按其可能闲置时间的长短及其资金成本估算其经济性贬值。

【案例 7】 受煤炭行业区域性产能调控政策的影响,2015 年一辆专用运输煤炭的半挂列车的利用率仅为正常工作量的 70%;在该车辆的剩余使用年限内,这种现象将持续不变。经评估该车辆的重置成本为 30 万元,成新率为 60%,功能性损耗可以忽略不计,试估算被评估车辆的经济性损耗。

【解答】 取规模效益指数 $x = 0.7$,该车辆的经济性损耗为:
$$P_e = (1 - 0.7^{0.7}) \times 100\% = 22\%$$
车辆扣除有形损耗和功能性损耗的价值为:
$$P_e = [P_r - (P_u + P_f)] \times i_e = 30\ 万元 \times 60\% \times 22\% = 3.96\ 万元$$
则该车辆的经济性贬值为 3.96 万元。

二、适用范围与优缺点

运用重置成本法的理论依据是:任何买方在购买被评估二手车时,他所愿意支付的价值,不会超过具有同等效用的全新车辆的最低成本。若该车辆的价格比重新购置全新状态的、同等效用的车辆最低成本高,买方肯定不会购买这辆车,而会去购置全新的车辆。即待评估二手车的重置成本是其价格的最大可能值。

重置成本法是目前国际上公认的资产评估基本方法之一,对于不存在无形损耗或无形损耗不大的车辆,只需要确定其重置成本和实体损耗贬值即可,而且确定两个评估参数的资料又比较具体且容易搜集到,所以,该方法适宜在评估没有营运收益的二手车,以及市场上又难找到交易参照车辆的二手车。

(1)优点:考虑了车辆的各方面损耗,反映了车辆市场价格的变化,评估结果更趋于公平合理,采用了成新率的评估方式,容易取得交易双方的信任。在不易估算车辆未来收益(收益现值法),或难以在市场上找到参照车辆(现行市价法)的情况下,可以采用。

(2)缺点:对市场上不常见的某些进口车辆,不易查询到的现时市场价格,或一些已经停产、淘汰多年的车型,由于不可查询到相同车型的新车价格,故很难确定出它们的重置成本。

前提条件:
①购买者对拟交易的二手车,不改变原来用途。
②评估车辆的实体特征、内部结构及其功能效用必须与假设重置的全新车辆具有可比性。
③评估车辆必须是可以再生的、复制的,即被评估车辆在市场上必须还有销量,并可以复原制造。
④被评估二手车的资料和外部经济环境资料可以获得。

三、注意事项

运用重置成本法计算时,应明确评估基准日。重置成本应是评估基准日的重置成本,而不一定是评估作业日期的重置成本。评估作业日期与评估基准日往往不一致,可继续使用年限是基于评估基准日的国家标准规定的年限,而不一定是基于评估作业日期国家标准规定的年限。

实际评估操作时,会出现车辆出厂日期和车辆初次登记日期相差较大的情况,比如车辆出厂后,2~3年之后才登记上牌,甚至更长,而又因规定是以车辆初次登记日期为计算起点,会导致估算的成新率较高,所以在评估前应注意此内容。

运用重置成本法前应获取车辆使用性质资料,即被评估二手车是营业性的,还是非营业性的。只要被评估二手车曾作为营业性车辆1天,也应按照营业性车辆计算。也应清楚营业性车辆的概念,一些租赁车辆、驾校车辆等,应及时查清车辆的使用性质,分清被评估二手车的报废标准要求,确定其可供继续使用年限。

运用重置成本法的缺点是工作量较大,采集的数据和资料多,且经济性贬值不易确定。对于一些已使用了1~3年、品牌知名度不高的车辆,或是品牌知名度很高,但市场保有量很小的车型,运用重置成本法容易使评估价格偏高。特别是一些牵引车、公路客车、挂车等商用车辆,其评估值会高出现时市场价很多,不符合市场经济规律。以上可通过引入市场波动系数等予以解决。市场波动系数是对重置成本法评估结论的修正和完善,考虑了市场经济性因素,如品牌因素、现时市场供求关系、区域位置差异、车型状况、燃料经济性和排放等级等,该系数可能小于1.0,也可能大于1.0。

另外,重置成本法中一般不考虑残值,报废车辆的收购价格一般参照金属含量计算。

四、评估模型

1. 重置成本的确定

二手车的重置成本构成如下:

$$P_r = P_{r1} + P_{r2} \tag{3-11}$$

式中:P_{r1}——购置全新车辆的直接成本;

P_{r2}——购置全新车辆的间接成本。

直接成本为现行市价的购买价格;间接成本为购车时支付的购置附加税、公安车辆管理所的上牌费和注册登记费,还包括必须缴纳的强制责任险、车船使用税、盗抢险等保险费用。被评估二手车的现行市价是其新车价格,而非二手车的成交价。

对于产权转让一类的二手车交易业务,计算重置成本时一些使用环节的税费可以忽略不计,在实际交易过程中也容易获得买卖双方的认同;对于企业产权变动一类的二手车交易业务,常为咨询类业务,重置成本价格应包括各种税费、注册登记、上牌等费用,国有资产的咨询类业务不容许有任何资产流失,比如企业合资、联营、兼并等。

为了计算方便,间接成本只考虑车辆的购置附加税,车辆购置附加税是新车售价的10%,而新车售价中又含有17%的增值税,所以,车辆购置附加税为:

$$P_{r2} = 购置附加税 = \frac{新车售价}{1.17} \times 10\% \tag{3-12}$$

则重置成本 P_r 的算式为:

$$P_r = P_{r1} + P_{r2} = 新车售价 + \frac{新车售价}{1.17} \times 10\% \tag{3-13}$$

2. 物价指数法

物价指数法是在车辆原始成本的基础上,通过现时物价指数确定其重置成本

$$P_r = P_f \times \frac{I_1}{I_2} \tag{3-14}$$

或
$$P_r = P_f \times (1+\beta) \tag{3-15}$$

式中：P_f——车辆原始成本；

I_1——车辆评估时的物价指数；

I_2——车辆购置时的物价指数；

β——物价变动指数。

如果被评估二手车是即将淘汰产品，或是进口车辆，当询问不到现时市价时，可以采用此办法，应注意：

（1）应先检查被评估车辆的购买原价，确定其准确性。

（2）采用物价指数法计算的评估值，即为车辆重置成本值。

（3）现时选用的物价指数与评估基准日的物价指数有一定的差异，因为存在着一定的时间差，该时间差引起的物价指数的波动可由评估人员根据近期指数变化情况，结合市场情况确定。

（4）物价指数应尽量选择国家统计局或物价局发布的数据，不能选择无依据、来源不明的数据。

（5）物价指数通常用百分数来表示，以100%为基础，当物价指数大于100%时，表明物价指数上涨；物价指数低于100%，表明物价指数下降。

【案例8】 2014年购置了一辆高尔夫汽车，车辆原始成本为18万元，试用物价指数法计算2017年该车辆的重置成本。该汽车的物价指数见表3-9。

被评估二手车的物价指数　　　　　　　　表3-9

年份（年）	2014	2015	2016	2017
物价指数	102.0	103.4	105.4	107.1

【解答】 按照物价指数确定重置成本，查找2014年和2017年的物价指数分别为102.0、107.1。则该汽车2017年的重置成本为：

$$P_r = 18 \text{万元} \times \frac{107.1}{102.0} = 18.9 \text{万元}$$

则该汽车的重置成本为18.9万元。

3. 重置成本的调整

被评估二手车的重置成本通常采用成新率法进行调整，在此引入成新率的概念。二手车成新率是指二手车功能和使用价值占全新车辆的功能和使用价值的比率，是一个反映二手车新旧程度的指标。也可以理解为二手车现实状态与全新车辆状态的比值。二手车成新率可以表示为：

$$C = 1 - C_p \tag{3-16}$$

式中：C——二手车成新率；

C_p——二手车有形损耗率。

鉴定评估实践中，确定成新率是关键。成新率作为重置成本法的一项重要的指标，如何科学、准确地确定该项指标，是二手车评估中的重点和难点。因为成新率的确定不仅需要根据客观资料和检测手段，而且需要依靠评估人员的学识和评估经验来判断。

二手车成新率的确定方法通常采用使用年限法、行驶里程法、技术鉴定法、综合成新率法、成新率综合调整系数法5种方法。

(1) 使用年限法建立在二手车整个使用寿命的存续期间,实体性损耗随时间呈线性递增关系。二手车评估价值的降低与其损耗的大小成正比。因此,使用年限法可以表示为:

$$C_y = 1 - \frac{Y}{Y_g} \tag{3-17}$$

式中:C_y——使用年限成新率;
Y——已使用年限;
Y_g——规定使用年限。

运用使用年限法估算成新率涉及两个基本参数,即汽车已使用年限 Y 和机动车规定使用年限 Y_g,通常这两个参数折算成月份数。已使用年限是指二手车开始使用到评估基准日所经历的时间。运用使用年限法估算二手车成新率时应注意:

使用年限是代表车辆运行或工作量的一种计量,这种计量是以车辆的正常使用为前提的,包括正常的使用时间和使用强度。鉴定评估实践中,应充分注意车辆的实际已使用的时间,而不是简单的日历天数,同时也要考虑实际使用强度。

机动车的规定使用年限是指按照商务部 2012 年颁布《机动车强制报废标准规定》中的机动车合理使用寿命。一般评估中会遇到以下车型:

①9 座及 9 座以下非营运载客汽车(轿车、越野车等)为 15 年。
②小型出租客运汽车使用 8 年,中型出租客运汽车使用 10 年。
③公交客运汽车使用 13 年。
④轻、中型载货汽车为 10 年,半挂牵引车为 15 年,有载货功能的专项作业车使用 15 年。
⑤全挂车、危险品运输半挂车使用 10 年,集装箱半挂车 20 年,其他半挂车使用 15 年。

使用年限法方法简单,容易操作,一般用于二手机动车的价格粗估或价值不高的二手车价格的评估。

(2) 行驶里程法是通过确定被评估二手车的尚可行驶里程与规定行驶里程的比值来确定二手车成新率的方法。反映了二手车使用强度对成新率的影响。

$$C_s = 1 - \frac{L}{L_g} \tag{3-18}$$

式中:C_s——行驶里程成新率;
L——已行驶里程;
L_g——规定的行驶里程。

机动车的规定行驶里程同样按照商务部 2012 年颁布《机动车强制报废标准规定》中的规定执行。一般评估中会遇到以下车型:

①9 座及 9 座以下非营运载客汽车(轿车、越野车等)为 60 万 km;
②小型出租客运汽车使用 60 万 km,中型出租客运汽车使用 50 万 km;
③公交客运汽车使用 40 万 km;
④轻、中型载货汽车使用 60 万 km,半挂牵引车为 70 万 km,有载货功能的专项作业车使用 50 万 km;
⑤标准中未对半挂车(含集装箱半挂车)的行驶里程限值做出要求。

由于车辆里程表容易被人为更换和窜改,实际工作中,较少采用行驶里程法评估二手车成新率。

(3)技术鉴定法是指评估人员技术鉴定二手车成新率的方法。以技术鉴定为基础,经对二手车辆进行技术观察和技术检测来鉴定技术状况,再以评分的方法或分等级的方法来确定成新率。技术鉴定法分为部件鉴定法和整车观测分析法。

①部件鉴定法。

部件鉴定法是对二手车辆按其组成部分对整车的重要性和价值量的大小来加权评分,最后确定成新率的一种方法。基本步骤为:

先将车辆分成发动机及离合器总成、变速器及传动轴总成、前桥及转向器前悬总成、后桥及后悬架总成、制动系统、车架总成、车身总成、电器仪表系统、轮胎等总成部件,再根据它们的制造成本、车辆制造成本的比重,按一定百分比确定权重,见表3-10。

机动车总成、部件价值权重表 表3-10

总成部件	轿 车	客 车	货 车
发动机及离合器总成	26	27	25
变速器及传动轴总成	11	10	15
前桥及转向器前悬总成	10	10	15
后桥及后悬架总成	8	11	15
制动系统	6	6	5
车架总成	2	6	6
车身总成	26	20	9
电器仪表系统	7	6	5
轮胎	4	4	5

以全新车辆对应的功能标准为满分100分,其功能完全丧失为0分,再根据这些总成、部件的技术状况估算各总成部件的成新率;将各总成部件的成新率与权重相乘,即得到各总成部件的权分成新率;最后将各总成部件权分成新率相加,即得被评估车辆的成新率。

对车辆主要总成或部件进行成新率的估算时也应用到使用年限法,即估算总成或部件的成新率一般不可能超出采用使用年限法计算得出的整车成新率的值,除非有总成大修或换件的追加投入。

这种方法费时费力,车辆各组成部分权重实际上难以掌握,但评估值更接近客观实际,可信度高。它既考虑了二手机动车实体性损耗,同时也考虑了二手机动车维修换件会增大车辆的价值,一般用于价值较高的机动车辆评估。

②整车观测法。

整车观测法主要是指采用人工观察的方法,辅之以简单的仪器检测,对二手车技术状况进行鉴定、分级,以确定成新率的方法。鉴定分级的办法是先确定刚投入使用不久的车辆和即将报废处理的车辆,再根据车辆评估的精细程度要求在刚投入使用不久与待报废处理车辆之间分若干等级。其技术状况分级参见表3-11。

二手车成新率评估参考表 表3-11

车况等级	状况描述	有形损耗率(%)	技术状况描述	成新率(%)
1	使用不久	0~10	刚使用不久,行驶里程一般在3万~5万 km。在用状态良好,能够按要求正常使用	100~90

续上表

车况等级	状况描述	有形损耗率(%)	技术状况描述	成新率(%)
2	较新车辆	11~35	使用1年以上,约行驶15万km。一般没有经过大修,在用状态良好,故障率低,可随时使用	89~65
3	二手车	36~60	使用4~5年,发动机或整车经过大修1次,大修较好地恢复了原设计性能,在用状态良好,外观中度受损,恢复情况良好	64~40
4	老旧二手车	61~85	使用5~8年,发动机或整车经过2次大修,动力性能、经济性能、工作可靠性能都有所下降,外观油漆脱落受损、金属件锈蚀程度明显。故障率上升,维修费用、使用费用明显上升。但车辆符合GB 7258—2017要求,在用状态一般或较差	39~15
5	待报废处理车辆	86~100	基本到达或到达使用年限,通过GB 7258—2017检查,能使用,但不能正常使用,动力性、燃油经济性、可靠性下降,燃料费、维修费、大修费用增长速度快,车辆收益与支出基本持平,排放污染和噪声污染接近极限	≤15

二手车成新率评估参考表是一般车辆成新率判定的经验数据,仅供参考。整车观测分析法大多是由人工观察的方法进行的,成新率的估值是否客观、实际,取决于评估人员的专业水准和评估经验。

整车观测法简单易行,但二手车评估价值没有部件鉴定法准确,一般用于中、低等价值的二手车的初步估算,或为综合调整系数法鉴定时要考虑的因素之一。

(4)重置成本可以采用综合成新率法确定。综合成新率法是指综合采用多种单一因素对被评估二手车成新率的估算结果分别赋予不同的权重,计算加权平均成新率。

$$C_z = C_1 \times \alpha_1 + C_2 \times \alpha_2 \tag{3-19}$$

式中:C_z——综合成新率;

C_1——被评估二手车的理论成新率;

C_2——被评估二手车的现场查勘成新率;

α_1、α_2——理论成新率和现场查勘成新率的权重系数,$\alpha_1 + \alpha_2 = 1.0$。

被评估二手车的理论成新率由使用年限成新率和行驶里程成新率两个部分构成,且通常情况下,成新率各占50%的权重,即

$$C_1 = C_y \times 50\% + C_s \times 50\% \tag{3-20}$$

被评估二手车理论成新率和现场查勘成新率的权重分配,以及理论成新率中的使用年限成新率和行驶里程成新率的权重分配,要根据被评估二手车类型、使用状况、维修维护状况综合考虑,科学、合理地确定权重分配,与二手车鉴定评估人员的实践工作经验和专业判断能力有很大的关系。

(5)重置成本也可以采用综合调整系数法确定。成新率综合调整系数法是以被评估二手车的使用年限成新率为基础,综合考虑车辆的技术状况、车辆维护、制造质量、车辆用途、工作条件等多种因素,确定综合调整系数的方法。

$$C_a = \left(1 - \frac{Y}{Y_g}\right) \times K \times 100\% \tag{3-21}$$

式中：C_a——被评估二手车的成新率；
    Y——已使用年限；
    Y_g——规定使用年限；
    K——综合调整系数。

综合调整系数 K 按照影响因素权重来加权微调计算，见表 3-12。

车辆技术状况分级标准　　　　　　　　　　表 3-12

序号	影响因素	因素分级	调整系数	权重（%）
1	技术状况 K_1	好	1.0	30
		较好	0.9	
		一般	0.8	
		较差	0.7	
		差	0.6	
2	维护 K_2	好	1.0	25
		较好	0.9	
		一般	0.8	
		差	0.7	
3	制造质量 K_3	进口车	1.0	20
		国产名牌车	0.9	
		国产非名牌车	0.8	
4	车辆用途 K_4	私用	1.0	15
		公务、商务	0.9	
		营运	0.7	
5	使用条件 K_5	好	1.0	10
		一般	0.9	
		差	0.8	

综合调整系数 K 的计算方法为：

$$K = K_1 \times 30\% + K_2 \times 25\% + K_3 \times 20\% + K_4 \times 15\% + K_5 \times 10\% \quad (3-22)$$

式中：K_1——技术状况调整系数；
    K_2——维护调整系数；
    K_3——制造质量调整系数；
    K_4——车辆用途调整系数；
    K_5——使用条件调整系数。

技术状况调整系数 K_1 是在车辆技术状况鉴定的基础上对车辆进行的分级，然后取调整系数来修正车辆的成新率。取值范围为 0.6~1.0，技术状况好的取上限；反之，取下限。

维护调整系数 K_2 反映了使用者对车辆使用、维护的水平，该调整系数直接影响到车辆的使用寿命和成新率，使用和维护状态系数取值范围为 0.7~1.0。

确定制造质量调整系数 K_3 时，应了解车辆品牌价值。对于罚没走私车辆，其原始制造质量系数可视同国产名牌产品，取值范围在 0.8~1.0。

车辆用途调整系数 K_4 主要考虑车辆使用性质和使用强度的不同。把车辆用途性质分为私用、公务与商务、营运性质3种。公务与商务是指机关企事业单位的公务与商务用车;营运性质是指从事旅客、货运、城市出租的营运车辆。普通轿车一般为私人工作和生活用车,每年的行驶里程约为3万km;公务与商务用车每年不超过6万km;而营运出租车每年行驶有些超过15万km。显然,车辆用途不同,使用强度差异较大。车辆用途调整系数取值范围为0.7~1.0。

使用条件调整系数 K_5 车辆是指工作条件对其成新率 C 的影响。车辆工作条件分为道路条件和特殊使用条件。道路条件可分为好路、中等路和差路三类。好路是指国家道路等级中的高速公路、一、二、三级道路,好路率在50%以下;中等路是指符合国家道路等级四级道路,好路率在30%~50%;差路是指国家等级以外的路,好路率在30%以下。特殊使用条件主要指特殊自然条件,包括寒冷、沿海、风沙、山区等地区。车辆长期在道路条件为好路和中等路行驶时,使用条件调整系数分别取1.0和0.9;车辆长期在差路或特殊使用条件下工作,其系数取0.8。

采用综合调整系数法复杂、费时、费力。但它充分考虑了影响车辆价值的各种因素,评估值准确度较高,适合使用在中等价值的二手车辆上。

【案例9】 一辆已使用了3年2个月的一汽-大众捷达轿车,该车规定使用年限为15年,且为私用车,技术状况检查结果为良好,常年行驶在市区道路上,道路条件较好。车主按厂家使用说明要求定期由特约服务站进行维护,没有经过大修,在用状态良好,故障率低,车辆的外观略旧,有划痕,私用车使用强度不高,其他情况均与车辆新旧程度基本相符,试估算该车的成新率。

【解答】 运用使用年限估算被评估二手车成新率 C_y 为:

$$C_y = 1 - \frac{Y}{Y_g} = 1 - \frac{3 \times 12 + 2}{15 \times 12} = 78.89\%$$

经技术状况检查和调查后得知,该车技术状况良好,则 K_1 为0.9;由于车主按厂家使用说明要求定期由特约服务站进行维护,该车维护情况定性为好,则 K_2 为1.0;该车生产厂家为一汽-大众,是一线品牌,市场保有率高,则 K_3 为0.9;该车为私用轿车,则 K_4 为1.0;该车常年行驶在市区道路上,使用条件较好,则 K_5 为0.9。综合调整系数为:

$$K = 0.9 \times 30\% + 1.0 \times 25\% + 0.9 \times 20\% + 1.0 \times 15\% + 0.9 \times 10\% = 0.94$$

则可以得到该车经综合调整后的成新率为:

$$C_a = C_y \times K \times 100\% = 78.89\% \times 0.94 = 74.16\%$$

同时,也应考虑车辆大修对成新率的影响。机动车经过使用后(或停用)会产生磨损,磨损的补偿是由修理完成的,当某零部件完全丧失功能而又无法修理时,必须换件以恢复其功能作用。当车辆主要总成的技术状况下降到一定程度时,需要通过大修或更换车辆零部件的方法,以恢复原有性能。大修对车辆的追加投入增加了车辆的使用寿命,对成新率的估算值可适当增加。但车主对车辆的技术管理水平低,不能根据车辆的实际技术状况,做到合理送修、适时大修;有些维修企业维修设备落后,维修安装技术水平差;有些配件质量差。因此,经过大修的车辆不一定都能很好地恢复车辆使用性能。对于刚完成大修的老旧二手车,即使很好地恢复了使用性能,其耐久性也会较差;有些高档进口车辆经过大修以后,不仅难以恢复原始状况,而且有扩大故障的可能性。

鉴于上述情况,对于重置成本在7万元以下的二手车或老二手车辆,一般不考虑其大修对成新率的增加问题;对于重置成本在7万~25万的车辆,凭车主提供的车辆大修结算单等资料可适当考虑增加成新率的估算值;对于25万元以上的进口车,或国产高档车,凭车主提供的车辆大修或一般维修换件的结算单等资料,分析车辆受托维修厂家的维修设备、维修技术水平、配件来源等情况,或者对车辆进行实体鉴定,考查维修对车辆带来的正面作用或者可能出现的负面影响,从而酌情决定是否增加成新率的估算值。

五、工作流程

1. 确定重置成本

通过市场查询参照车辆或询价的方式,确定评估二手车在评估基准日的全新价格(含上牌的购置税和上牌费)。市场询价可以从车辆生产厂家、经销商、互联网等处获得,并注意严格筛选所获得信息的准确性,因为这与最终评估结果直接相关。

2. 确定被评估二手车的成新率

在现场勘查的基础上,认真填写好评估勘查作业表格,详细鉴定车辆技术状况,确定其成新率。并综合分析品牌因素、市场畅销度、市场保有量、车龄、区域位置差异、车型状况、燃料经济性和排放等级,以及一些重要的、新推出的国家政策对车辆变现能力的影响,确定市场波动系数下的综合成新率。

3. 确定综合调整系数

对于采用使用年限或累计行驶里程的方法评估二手车成新率,应根据各个调整系数确定综合调整系数。

4. 确定评估值

选用适当的重置成本法计算模型来计算被评估二手车的评估价值。

【案例10】 2010年1月花23.5万元购置一辆帕萨特轿车作为私家用车,于2015年10月在当地旧机动车市场交易,该车初次登记日期为2010年2月,累计行驶9.0万km,规定行驶里程为50万km,规定使用年限为15年。一般该车只在市区内行驶,使用条件好,经过静态、动态检查后发现该车为国产名牌车,整体技术状况一般,维护较好,动态检查情况一般,见表3-13。2012年该车的市场新车价格为20.8万元,如果考虑车辆购置税为10%,其他税费不计,试计算该车的重置成本、成新率、评估价值。

车辆技术状况分级标准 表3-13

序 号	影响因素	因素分级	调整系数	权 重 (%)
1	技术状况	好	1.0	30
		较好	0.9	
		一般	0.8	
		较差	0.7	
		差	0.6	
2	维护	好	1.0	25
		较好	0.9	
		一般	0.8	
		差	0.7	

续上表

序　号	影响因素	因素分级	调整系数	权重（%）
3	制造质量	进口车	1.0	20
		国产名牌车	0.9	
		国产非名牌车	0.8	
4	车辆用途	私用	1.0	15
		公务、商务	0.9	
		营运	0.7	
5	使用条件	好	1.0	10
		一般	0.9	
		差	0.8	

【解答】

（1）采用重置成本法计算，公式为：

$$P = P_r C_a = P_r (1 - \frac{Y}{Y_g}) K \times 100\% \tag{3-23}$$

由于2013年该车的市场新车价格为12万元，车辆购置税为10%，其他税费不计。

因此，得到该车重置成本 = 20.8万元 × （1 + 10%） = 22.88万元。

（2）计算成新率：

该车的初次登记日期为2010年2月，评估基准日为2015年10月，使用了5年8个月，折合为68个月。

该车规定使用年限为15年，折合为180个月。

则成新率 = （1 - 68/180） × 100% = 62.22%。

（3）按照表3-13中的调整系数，确定综合调整系数：

该车技术状况一般，调整系数取0.8，权重30%。

该车维护较好，调整系数取0.9，权重25%。

该车制造质量属国产名牌，调整系数取0.9，权重20%。

该车用途为私用，调整系数取1.0，权重15%。

该车使用条件较好，调整系数取1.0，权重10%。

得到综合调整系数为：

　　　0.8 × 30% + 0.9 × 25% + 0.9 × 20% + 1.0 × 15% + 1.0 × 10% = 0.895

车辆评估值 = 22.88 × 62.22% × 0.895 = 12.74万元。

第四节　收益现值法

收益现值法是将被评估的车辆在剩余寿命期内预期收益用适当的折现率折现为评估基准日的现值，并以此确定评估价格的一种方法。收益现值法的应用原理在于：获取二手车的目的是考虑车辆带来的收益。按照收益现值法，如果车辆的预期收益额较小，车辆被评估价值不可能高。所以，投资者在购买二手车辆时，先要进行车辆预期收益的可行性分析，只有当预期使用期间内的回报率超过评估时的折现率时，二手车交易才有可能发生。采用收益现值法的关键在于车辆的获利能力,因此该方法适用于投资营业性车辆。

收益现值法实际上就是,对被评估车辆未来预期收益额进行折现的过程。折现是指将继续使用期内的收益按照折现率折算到评估基准日的现值。运用收益现值法应满足一些前提条件:

(1)资产的收益可以用货币计量。该法只适用于直接产生收益或现金流的资产,而对于虽有持续效用但无法产生现金流的资产,比如公益性资产、不能单独计算收益的单件资产,就无法由收益现值法得到正确的评估。

(2)被评估车辆必须是营业性车辆,具有连续获利的能力,且预期获利年限也可以预测。

(3)车辆所有者所承担的风险也可以用货币计量。收益现值法得出的结果不仅与预期收益有关,还与风险报酬率有关。如果车辆的预期收益较高,风险也很大,投资者也会要求有较高的风险补偿,则该资产的收益现值不一定会很高。

一、评估模型

1. 年收益不等额

被评估车辆的评估价值等于剩余使用期内各期的不等收益现值之和,计算方法为:

$$P = \sum_{t=1}^{n} \frac{P_{yt}}{(1+i)^t} = \frac{P_{y1}}{(1+i)^1} + \frac{P_{y2}}{(1+i)^2} + \cdots + \frac{P_{yn}}{(1+i)^n} \tag{3-24}$$

式中:P——被评估车辆的评估价值;

i——折现率;

P_{yt}——被评估车辆第 t 个收益期内的预期收益额;

n——收益期,一般按年份计。

值得注意的是,每个收益期内都包含着收益期末的车辆残值,根据评估情况选择残值是否纳入计算。

2. 年收益等额

被评估车辆的评估价值等于剩余使用期内各期的等额收益现值之和,即被评估车辆的年收益现值相等,则计算方法为:

$$P = P_y \times \left[\frac{1}{1+i} + \frac{1}{(1+i)^2} + \cdots + \frac{1}{(1+i)^n} \right] = P_y \times \frac{(1+i)^n - 1}{i(1+i)^n} \tag{3-25}$$

式中:P_y——剩余使用期内每年的预期收益额。

式(3-11)中,$\frac{1}{(1+i)^t}$ 为现值系数,$\frac{(1+i)^n - 1}{i(1+i)^n}$ 为年金现值系数。按照《机动车强制报废标准》的规定,被评估车辆的规定使用年限均不超过 20 年。年金现值系数表,见表 3-14 和表 3-15。

年金现值系数表($i=1\% \sim 10\%$)　　　　表 3-14

n \ i	1%	2%	3%	4%	5%	6%	7%	8%	9%	10%
1	0.9901	0.9804	0.9709	0.9615	0.9524	0.9434	0.9346	0.9259	0.9174	0.9091
2	1.9704	1.9416	1.9135	1.8861	1.8594	1.8334	1.8080	1.7833	1.7591	1.7355
3	2.9410	2.8839	2.8286	2.7751	2.7232	2.6730	2.6243	2.5771	2.5313	2.4869

续上表

n\i	1%	2%	3%	4%	5%	6%	7%	8%	9%	10%
4	3.9020	3.8077	3.7171	3.6299	3.5460	3.4651	3.3872	3.3121	3.2397	3.1699
5	4.8534	4.7135	4.5797	4.4518	4.3295	4.2124	4.1002	3.9927	3.8897	3.7908
6	5.7955	5.6014	5.4172	5.2421	5.0757	4.9173	4.7665	4.6229	4.4859	4.3553
7	6.7282	6.4720	6.2303	6.0021	5.7864	5.5824	5.3893	5.2064	5.0330	4.8684
8	7.6517	7.3255	7.0197	6.7327	6.4632	6.2098	5.9713	5.7466	5.5348	5.3349
9	8.5660	8.1622	7.7861	7.4353	7.1078	6.8017	6.5152	6.2469	5.9952	5.7590
10	9.4713	8.9826	8.5302	8.1109	7.7217	7.3601	7.0236	6.7101	6.4177	6.1446
11	10.3676	9.7868	9.2526	8.7605	8.3064	7.8869	7.4987	7.1390	6.8052	6.4951
12	11.2551	10.5753	9.9540	9.3851	8.8633	8.3838	7.9427	7.5361	7.1607	6.8137
13	12.1337	11.3484	10.6350	9.9856	9.3936	8.8527	8.3577	7.9038	7.4869	7.1034
14	13.0037	12.1062	11.2961	10.5631	9.8986	9.2950	8.7455	8.2442	7.7862	7.3667
15	13.8651	12.8493	11.9379	11.1184	10.3797	9.7122	9.1079	8.5595	8.0607	7.6061
16	14.7179	13.5777	12.5611	11.6523	10.8378	10.1059	9.4466	8.8514	8.3126	7.8237
17	15.5623	14.2919	13.1661	12.1657	11.2741	10.4773	9.7632	9.1216	8.5436	8.0216
18	16.3983	14.9920	13.7535	12.6593	11.6896	10.8276	10.0591	9.3719	8.7556	8.2014
19	17.2260	15.6785	14.3238	13.1339	12.0853	11.1581	10.3356	9.6036	8.9501	8.3649
20	18.0456	16.3514	14.8775	13.5903	12.4622	11.4699	10.5940	9.8181	9.1285	8.5136

年金现值系数表($i=11\%\sim20\%$) 表3-15

n\i	11%	12%	13%	14%	15%	16%	17%	18%	19%	20%
1	0.9009	0.8929	0.8850	0.8772	0.8696	0.8621	0.8547	0.8475	0.8403	0.8333
2	1.7125	1.6901	1.6681	1.6467	1.6257	1.6052	1.5852	1.5656	1.5465	1.5278
3	2.4437	2.4018	2.3612	2.3216	2.2832	2.2459	2.2096	2.1743	2.1399	2.1065
4	3.1024	3.0373	2.9745	2.9137	2.8550	2.7982	2.7432	2.6901	2.6386	2.5887
5	3.6959	3.6048	3.5172	3.4331	3.3522	3.2743	3.1993	3.1272	3.0576	2.9906
6	4.2305	4.1114	3.9975	3.8887	3.7845	3.6847	3.5892	3.4976	3.4098	3.3255
7	4.7122	4.5638	4.4226	4.2883	4.1604	4.0386	3.9224	3.8115	3.7057	3.6046
8	5.1461	4.9676	4.7988	4.6389	4.4873	4.3436	4.2072	4.0776	3.9544	3.8372
9	5.5370	5.3282	5.1317	4.9464	4.7716	4.6065	4.4506	4.3030	4.1633	4.0310
10	5.8892	5.6502	5.4262	5.2161	5.0188	4.8332	4.6586	4.4941	4.3389	4.1925
11	6.2065	5.9377	5.6869	5.4527	5.2337	5.0286	4.8364	4.6560	4.4865	4.3271
12	6.4924	6.1944	5.9176	5.6603	5.4206	5.1971	4.9884	4.7932	4.6105	4.4392
13	6.7499	6.4235	6.1218	5.8424	5.5831	5.3423	5.1183	4.9095	4.7147	4.5327
14	6.9819	6.6282	6.3025	6.0021	5.7245	5.4675	5.2293	5.0081	4.8023	4.6106

续上表

n \ i	11%	12%	13%	14%	15%	16%	17%	18%	19%	20%
15	7.1909	6.8109	6.4624	6.1422	5.8474	5.5755	5.3242	5.0916	4.8759	4.6755
16	7.3792	6.9740	6.6039	6.2651	5.9542	5.6685	5.4053	5.1624	4.9377	4.7296
17	7.5488	7.1196	6.7291	6.3729	6.0472	5.7487	5.4746	5.2223	4.9897	4.7746
18	7.7016	7.2497	6.8399	6.4674	6.1280	5.8178	5.5339	5.2732	5.0333	4.8122
19	7.8393	7.3658	6.9380	6.5504	6.1982	5.8775	5.5845	5.3162	5.0700	4.8435
20	7.9633	7.4694	7.0248	6.6231	6.2593	5.9288	5.6278	5.3527	5.1009	4.8696

二、参数确定

1. 收益期限 n

收益期限(也称剩余经济寿命期)是指从评估基准日到二手车到达报废的年限。该指标需要评估人员根据二手车未来的获利能力、车辆损耗情况、车辆相关的法律法规等因素确定。如果收益期限估计过长,就会高估二手车价格。

如果二手车的收益期限受到法律、有效的合同等规定的限制,则应以法律和有效的合同规定的年限作为收益期。当二手车没有规定收益期限的,也可按照其正常的经济寿命使用期作为收益期限,当继续持有资产对拥有者不再有利时,从经济角度讲,该车辆的寿命也就结束了。

2. 预期收益额 P_y

收益现值法中,预期收益额 P_y 的确定是关键。预期收益额是指评估对象在使用中产生的超出其自身价值的溢出价值。计算方法为:

$$P_y = (P_m - P_n) \times (1 - i_t) \tag{3-26}$$

式中:P_m——该车辆年度总收入;

P_n——该车辆年度总支出;

i_t——所得税率。

确定预期收益额时,应考虑:

(1)预期收益额是指车辆带来的未来收益期望值,可以通过预测分析获得。

(2)可供选择的预期收益额有企业税后利润、企业税后利润与提取折旧额之和扣除投资额、利润总额。需要针对二手车的特点与评估目的,选择合适的预期收益额。为避免计算错误,一般需要列出车辆在剩余寿命期内的现金流量表。

3. 折现率 i

折现率是指将未来的预期收益折算成现值的比率。折现率可以认为是买方对购置二手车后未来产生收益的回报率,应考虑该收益现值产生的机会成本和不确定性。因此,折现率一般由无风险报酬率和风险报酬率组成。可表示为

$$i = i_1 + i_2 \tag{3-27}$$

式中:i——折现率;

i_1——无风险报酬率;

i_2——风险报酬率。

当其他条件相同时,收益增长越快的资产价值就越高。因此,需要将未来收益率从折现率中扣除。只有当二手车的年收益增长率为零时,折现率才与资本化率相等。实际操作中,因为高增长率意味着高风险,就会需要较高的风险报酬率,而企业连续保持高速增长率的可能性不高,所以,未来收益增长率不会超过折现率。

折现率与银行存款利率不完全相同。利率是资金的报酬,折现率是管理的报酬。利率只表示资金本身的获利能力,而与使用条件、拥有者和使用用途没有直接联系;折现率则与二手车及车主的使用效果有关。折现率通常难以确定,原则上应不低于国家银行存款的利率。当其他因素难以确定时,可以将利率赋值给折现率。

收益现值法的关键是折现率的确定。有累加法、β 系数法和相似资产参照法。

(1) 累加法。该法认为折现率包含无风险报酬率和风险报酬率两个部分。每个部分可以分别求得,经累加后得到折现率。无风险报酬率通常按照政府债券收益率作为测量无风险收益率的替代值。如美国联邦政府发行的各种债券,包括国库(Treasury bills)、国库本票(Treasury notes)、联邦政府公债(Treasury bonds)。通常认为,政府短期债券是最没有风险的投资对象,但是对于汽车评估而言,尽量采用较长期的政府债券利率(至少1年以上的利率)作为基本收益率。虽然政府长期债券也会有一定的风险,但是汽车评估是基于长期收益趋势的,因此,采用政府长期债券作为无风险报酬率更具有可行性。国债发布的公告时间是在每月月初,如2017年7月,3年期的国债利率是在3.90%,5年期的国债利率为4.22%。

风险报酬率是投资者因承担风险而获得的超过时间价值的那部分额外报酬率。它的计算方法有累加法、股息增长模型法、资本资产定价模型法。

累加法是通过确定主要风险因素所对应的报酬率累加后得到。该方法列出各主要风险的组成及对应风险所能取得的风险报酬率。影响风险报酬率的因素,见表3-16。

影响风险报酬率的因素 表3-16

与市场变化相关的风险	行业状况及政策、市场竞争状况、法律法规约束、宏观经济形势、居民购买力等
与被评估车辆相关的风险	产业类型、车辆所属企业的规模、企业财务状况、运营状况、收益数量及质量等

虽然采用行业风险率、经营风险率,以及财务风险率能够得到风险报酬率。但是,该法不适合在确定风险报酬率时有一定的主观性,一些影响因素也不宜量化。

(2) β 系数法。该方法可用于估算企业所在行业的风险报酬率,也可以用于估算企业自身的风险报酬率。其基本思路是:行业风险报酬率(或企业自身风险报酬率)是市场平均风险报酬率与被评估企业所在行业平均风险(或被评估企业自身风险)和市场平均风险的比率系数 β 的乘积。计算公式为:

$$i_a = (i_b - i_1) \times \beta \tag{3-28}$$

式中:i_a——被评估企业所在行业(或被评估企业自身)的风险报酬率;

i_b——市场平均收益率;

i_1——无风险报酬率;

β——被评估企业证券风险报酬率与证券市场上平均风险报酬率的比值。

式(3-28)中,无风险报酬率 i_1 与市场平均收益率 i_b 的计算比较容易获得。而 β 系数的计算过程则较为复杂,该法适用于股权被频繁交易的上市公司的评估。对于非上市公司来

讲,可以选择与上市公司情况相似公司的 β 系数作为参照系数。所以,折现率为:

$$i_2 = i_1 + (i_b - i_1) \times \beta \tag{3-29}$$

式中:i_2——投资者要求的收益率(风险报酬率),与 β 系数线性相关,即如果 β 系数所测算的被投资项目风险越大,投资者所要求的收益率越高;

$i_b - i_1$——市场平均风险报酬率,也称为系统性市场风险。

β 系数可以采用证券市场中制造业的 β 值。从长期来看,β 系数是趋于稳定的,但短期内存在着波动,二手车评估时,要选取最新公布的汽车制造行业 β 值。

(3)相似资产参照法。该方法是通过寻找与被评估车辆相类似的参照车辆市场价格倒推计算折现率。计算方法为:

$$i = \sum_{j=1}^{n} P_{aj} / nP_c \tag{3-30}$$

式中:P_{aj}——第 i 个参照车辆的收益;

P_c——参照车辆价格。

参照车辆为与被评估车辆在行业类型、收益水平、风险程度、流通性等方面基本相同的交易车辆。该法要求需要一定数目的样本,否则难以准确反映市场对某项投资回报的普遍要求。

确定折现率,首先应明确"折现"的内涵。折现作为时间优先的概念,认为将来收益或利益低于现在的同样收益或利益,并且随着收益时间的延续而系统性降低的收益价值;又可以理解为,采用一个特定比率将预期收益折算到现值价格的方法。从折现率本身的角度来讲,它是一种特殊的收益率,收益率越高,车辆评估价值越低。折现率必须谨慎确定,其微小差异都会引起评估价值的较大波动。

三、评估程序

(1)调查了解营业性车辆的经营状况和消费结构。
(2)充分调查被评估车辆的技术状况。
(3)确定评估参数,即预测预期收益额,确定折现率。
(4)将收益期限做折现处理,确定二手车评估价值。

四、优缺点

1. 优点

(1)与投资决策可以融合,结果已被交易双方接受。
(2)能够真实地反映车辆本金化价格。

2. 缺点

(1)对于没有收益或收益无法用货币计量的,或风险报酬率无法计算的资产,该方法无法使用。
(2)受预期收益额和风险报酬率的不确定性影响,评估操作中含有较大成分的主观性。
(3)收益现值法的运用市场条件确定 β 系数,当证券市场不完善的情况下,其 β 系数的准确性和适用性会受到挑战。

【案例 11】 2013 年 7 月购买的一辆出租车,2017 年 11 月欲出售。该车辆已经行驶 25 万 km。目前车辆技术状况良好,如继续用于出租车运营,全年预计可出勤 300 天。根据市场经营经验,该车毛收入平均约 700 元/天,燃油费为 100 元/天,人员劳务费为 150 元/天,日常检测费用为 5000 元/年,维护费为 8000 元/年,修理费为 7000 元/年。已知出租车的规定运营年限为 8 年,目前个人所得税为 20%。若无风险报酬率取为 2017 年 11 月的 3 年政府长期国债 3.9%,市场平均风险报酬率为 10.5%,β 系数为 0.9。试计算该车辆的折现率与预期收益额?

【解答】 采用收益现值法计算。

评估基准日是 2017 年 11 月;由于该车登记日期为 2013 年 7 月,该车已使用 4 年 4 个月,由于出租车使用年限为 8 年,则该车剩余使用年限为 4 年。

折现率由无风险报酬率和风险报酬率计算得来,由于无风险报酬率为 3.9%,市场平均风险报酬率为 10.5%,β 系数为 0.9。所以,可计算折现率为:

$$i = 2i_1 + (i_b - i_1) \times \beta = 2 \times 3.9\% + (10.5\% - 3.9\%) \times 0.9 = 13.7\%$$

预期收益额见表 3-17。

确定预期收益额计算表　　　　　　　表 3-17

预计年收入(元)		300 × 700 = 210000
预计年支出(元)	燃油费	300 × 100 = 30000
	劳务费	300 × 150 = 45000
	检测费	5000
	维护费	8000
	修理费	7000
预计年毛收入(元)		115000
预计年纯收入(元)		115000 × (1 − 20%) = 92000

则该车辆的评估价值为:

$$P = P_y \times \frac{(1+i)^n - 1}{i(1+i)^n} = 92000 \ 元 \times \frac{(1+13.7\%)^4 - 1}{13.7\% \times (1+13.7\%)^4} = 269719 \ 元$$

第五节　清算价格法

一、概念

清算价格法是以清算价格为标准,对二手车辆进行的价值评估。清算价格是指企业由于破产或其他原因,要求在一定的期限内将车辆变现,在企业清算之日预期出卖车辆可收回的快速变现价格。

清算价格法与现行市价法的评估原理基本相同。不同的是迫于停业或破产,清算价格往往大大低于现行市场价格。清算价格法并不是资产评估的基本方法,而是现行市价法、重置成本法、收益现值法的具体运用。

运用思路是:依据二手车技术状况,运用现行市价法估算其正常价值,再根据处置情况和变现要求,乘以一个折扣率来确定最终评估价格。

二、适用范围

适用于企业破产、抵押、停业清理时需要出卖的车辆。

（1）企业破产，指当企业或个人因经营不善造成严重亏损、资不抵债时，企业应依法宣告破产，法院以其全部财产依法清偿其所欠的债务，不足部分不再清偿。

（2）资产抵押，指企业或个人为了融资，用自己特定的财产作为担保向对方保证履行合同义务的担保形式。提供财产的一方为抵押人，接受财产的一方为抵押权人。抵押人不履行合同时，抵押权人有权利将抵押财产在法律允许的范围内变卖，从变卖抵押物价款中优先获得赔偿。

（3）停业清理，指企业由于经营不善导致严重亏损，已临近破产的边缘或因其他原因将无法继续经营下去，为弄清企业财务现状，对全部财产进行清点、整理和核查，为经营决策（破产清算或继续经营）提供依据，以及因资产损毁、报废而进行清理、拆除等的经济行为。

以清算价格法评估车辆价格有3个前提条件：

（1）具有有效法律效力的破产处理文件或抵押合同及其他有效文件为依据。

（2）被评估车辆可以在市场上快速变现。

（3）所出卖车辆的收入足以补偿因出售车辆而产生的附加支出总额。

三、影响定价的主要因素

由于采用清算价格法评估车辆价值基于快速变现的原则，其评估结果的高低与以下几个因素有关：

（1）破产形式。如果企业完全丧失车辆的处置权，无法讨价还价，占有主动权的买方必然会尽力压低价格从中获益；如果企业尚有讨价还价的余地，车辆的评估价格就有可能高一些。

（2）处理车辆的方式。按照抵押时有效的合同契约规定执行，或公开拍卖，或据为己有。

（3）清理费用。在破产等评估车辆价格时应对清理费用及其他费用给予充分的考虑。

（4）拍卖时限。一般来讲，拍卖时限长，售价就会高一些；拍卖时限短，售价就会较低。

（5）公平市价。指车辆交易成交双方满意的价格。在清算价格中卖方满意的价格一般难以满足。

（6）参照物价格。在市场上参照车辆的价格越高，车辆售价就会越高，反之则越低。

四、评估方法

二手车鉴定评估清算价格的方法主要有现行市价折扣法、模拟拍卖法、拍卖法3种。

（1）现行市价折扣法，指选择合适的参照车辆，根据快速变现原则确定一个折扣率，以确定其清算价格。比如，一辆半挂牵引车已使用3年，经调查在二手车市场上成交价为16万，因个人需偿还债务急于将车辆变现。根据销售人员调查，收购方可以以70%的折扣立即收购，则清算价格为160000元×70%＝112000元。

（2）模拟拍卖法，指根据向被评估车辆的潜在购买者询价的办法取得市场信息，最后经评估人员分析确定其清算价格的一种方法。这种方法受供求关系影响大，需要充分考虑其影响的程度。

比如，一辆重型水泥搅拌车，拟评估其拍卖清算价格，评估人员经过对建筑工地经理和工程机械厂家销售人员等多方咨询后了解到，其评估价值为17万元、20万元、21万元、19万元，平均价值为19.25万元。考虑到车辆交易手续等其他因素，经与车主协商后决定，在上述平均值基础上再打 9 折处理,则该车辆的清算价格为 192500 元 × 90% = 173250 元。

(3) 拍卖法,指由法院按照法定的破产清算程序,或由卖方根据评估结果提出一个拍卖的底价,在公开市场上由买方竞拍价格,报价较高的买方获得该车辆。车辆拍卖在日本二手车行业较为盛行,我国还处于车辆拍卖的初步发展阶段,目前拍卖市场环境还不是很成熟,所以,车辆清算拍卖的价格也会受到拍卖市场环境的影响。

【案例 12】 法院欲将扣押的一辆轻型载货汽车拍卖出售。该车辆到评估基准日为止已使用了 1 年 6 个月,市场上全新车型售价为 5.5 万元,车辆购置税为裸车价的 10%,运输附加费为 3%,经市场调查,确定该车辆清算折扣率为 75%。车况与其新旧程度相符,没有经过改装的痕迹。试评估该车辆的清算价格。

【解答】 恢复其重置成本:

复原重置成本 $P_z = 55000 \text{ 元} + \dfrac{55000 \text{ 元}}{1.17} \times 10\% + 55000 \text{ 元} \times 3\% = 61350 \text{ 元}$

因被评估车辆的价值不高,且技术状况与其新旧程度相符,未经改装,该载货汽车的规定使用年限为 10 年。按照其使用年限确定被评估车辆的成新率:

$$成新率 C = \left(1 - \dfrac{18 \text{ 月}}{120 \text{ 月}}\right) \times 100\% = 85\%$$

则被评估车辆正常出卖的价值 $P = P_z \times C = 61350 \text{ 元} \times 85\% = 52146 \text{ 元}$。

被评估车辆清算折扣率为 75%,所以被评估车辆的清算价格为:

$$P_s = 52146 \text{ 元} \times 75\% = 39110 \text{ 元}$$

第四章 二手车技术状况鉴定

二手车评估价值的高低关键在于技术状况鉴定结果,其技术状况鉴定方法有静态检查、动态检查和仪器检查3种。

静态检查和动态检查是基于评估人员的技能和经验来判断车辆是否为事故车、各主要结构件是否存在故障,以及对车辆各总成部分及零部件的新旧程度和性能进行评价等,比如车辆外观不周正、车身及驾驶室的覆盖件油漆脱落和锈蚀,发动机起动后漏机油等情况,检查思路是依靠感官并借助简单的器量具检查车辆。

仪器检查是对评估车辆某些关键部件的技术性能进行评价,是对二手车技术等级划分的依据,以及在静态检查和动态检查无法判断其性能时,采用此方法可以定量评价被评估二手车的价值。

第一节 静态检查

二手车静态检查是指在静态状况下,根据评估人员的经验和技能,辅以简单的器量具,直观地检查被评估二手车的技术状况。其目的是快速、大致地了解二手车的技术状况,直观地发现一些较大的缺陷,比如车身严重受损、部件结构性损坏、发动机和变速器等传动结构件严重磨损等,推测该部件在整车价值评价中的影响范围,为价值评估提供查勘依据。

发动机起动后,一些车辆的车身受发动机振动影响大,不宜作为车辆外观尺寸和车身是否周正等静态检查的评判基础,所以发动机起动后的检查一般属于动态检查的范畴。

二手车静态检查包括识伪检查和外观检查两个部分。识伪检查的主要工作是鉴定走私车辆、拼装和盗抢车辆,或鉴别车辆里程表和其他对车辆评估价值有决定性作用的部件等有无凿改痕迹。外观检查的主要工作是检查及鉴定事故车辆、检查前后保险杠和车身、检查发动机舱、检查车身周正、车身锈蚀等内容。具体检查内容见图4-1。

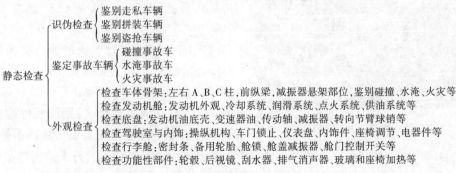

图4-1 静态检查主要内容

一、识伪检查

二手车交易市场中不可避免地会出现一些走私车辆、拼装车辆、盗抢车辆,以及事故车辆。鉴定这些车辆需要必要的车辆信息资料,结合评估人员的专业知识和丰富经验,判断车辆的来源。

走私车辆是指未经国家海关正常进口渠道流入国内的,并且没有完税的车辆。拼装车辆是指非法组织生产、拼装,无产品合格证的假冒、低劣汽车。这些汽车有些是境外整车切割,分块运输到境内焊接拼装的车辆,有些是进口汽车零部件在国内拼装的国外品牌汽车,有些是国内零部件拼装的汽车,还有些是国外汽车品牌但未在国内进口汽车名录中,通过非法渠道引入国内进行拼装的。

由海关正常进口渠道入关至国内的车辆,都是生产或经过改造并符合国内市场法规和使用条件的汽车,直接从国外汽车制造商处进口。正品车辆配备中文车主手册和维护手册各一本,非法拼装车辆则没有。

图4-2a)为强制保险标志,车主在购买保险时由保险公司核发;图4-2b)为机动车检验合格标志,由车管所核发;图4-2c)为环保标志,2017年由环境保护部、公安部、国家认证认可监督管理委员会联合发布的《关于进一步规范排放检验加强机动车环境监督管理工作的通知》中,将环保标志与机动车检验合格标志合二为一,省去了车辆年审和排放检测不在同一地点的办理流程。

a)　　　　　　　　b)　　　　　　　　c)

图4-2　机动车强制保险、检验合格标志和环保标志

识伪检查时,注意以下几点:

(1)运用车辆管理所等部门的车辆档案资料,查找车辆来源信息,确定车辆的合法性及来源情况;特别要查看车辆识别代码和发动机号码是否有凿改的痕迹,见图4-3。

(2)查验被评估二手车的汽车产品合格证和维护手册、商检标志、进口产品商检证明资料。

(3)看外观。查看车辆是否有翻新部分或整体喷漆的迹象,尤其要检查车辆的A、B、C柱的两端与车顶和车身接触处是否流畅平缓,用手沿A、B、C柱向下触摸,特别注意柱端接合处的不平感,如车辆曾经发生过拼装或事故,经过

图4-3　上汽途观车辆识别代码和发动机号码的位置

再处理的部位不会像原厂出产车辆那样光滑。查看车门、发动机舱盖、行李舱盖与车身的接合缝是否一致、整齐,是否存在间隙过大的情况等。

(4)看内饰。主要观察内饰是否破损、平整,表面是否洁净,压条边沿部分要仔细检查,经过重新配装的装饰压条边沿部分会存在明显的工具碾压痕迹,车辆顶部缓冲材料有撬动过的痕迹,并检查顶板边缘处是否洁净。

(5)看发动机。发动机是车辆最主要的部件,通常也是价值最高的部件。发动机是一个整体,更换某些部件后相应部件并不能完全起到原有的作用,所以检查非法拼装车辆时,发动机是查验的关键。静态检查中,应打开发动机舱盖查看线路、管路布置是否合理,线束是否有必要的捆绑或固定,是否有重新拆卸和安装过的痕迹,有无明显旧零部件存在,空调是否制冷、有暖风,发动机油底壳是否有漏油现象等。

二、事故车辆鉴定

事故车辆的评估价值会较低,若发现车辆存在事故的迹象,检查分析事故可能影响到的部件是技术鉴定的首要任务。发生过碰撞、水淹、火灾的事故车在出售前一般会经过修复处理,且车主也不会将事故情况主动坦白,这就需要有专业的评估人员仔细地检查、判断车辆的事故史。检查车辆发生事故的方法有多种,用于二手车评估的方法通常为通用、简易的事故辨别方法。

多数事故车辆存在着安全隐患,定义经历过以下情况的车辆为碰撞事故车:

(1)碰撞事故车。

①碰撞或撞击后,车架大梁弯曲变形、断裂后修复。

②水箱及水箱支架被撞损伤后修复或更换过。

③车身后翼子板碰撞后被切割或更换过。

④车门及其下边框、A柱、B柱碰撞变形后修复或更换过。

⑤整个汽车在事故中翻滚过,车身凹陷、断裂后修复或重新做过车身部件。

(2)水淹车。大雨或暴雨天气,车辆在低洼路段行驶,当涉水深度略超过车轮半径时,发动机油底壳可能与水接触或浸入水中,发动机熄火会引起路面雨水沿排气管路倒吸,产生发动机不可逆的修复性损伤;还有一种情况更为严重,当雨水的水位线超过发动机盖,达到车辆前风窗玻璃的下沿时,整个发动机舱都浸泡在水中,绝大部分的电气设备也会浸在水中,则该车辆的评估价值会很低,而与在水中浸泡的时间长短没有关系。虽然雨水短时间内难以浸透车辆的每个部位,但对发动机、电气设备的损伤较大,使处于热状态的发动机部件锈蚀、出现裂纹,也会使电气设备出现过载、接触不良等现象。

(3)火灾车辆,是指发生车辆自燃、货物自燃、外因燃烧等现象的车辆。只要发动机舱或驾驶室舱发生过严重燃烧,过火面积较大,导致机件损坏的,就应列为火灾车辆。车辆大面积过火是严重事故,零部件难以修复,零部件除钢铁等金属外,基本已无回收的可能。如果发现火情早、处置及时,未产生较大影响的,且经更换零部件等修复的车辆,不能算作过火车辆,这也与产生火情的原因有关。

碰撞事故车辆主要通过以下简易方式甄别。

(1)检查车辆外观周正情况(图4-4)。

汽车制造厂生产的车辆车身及附属部件都

图4-4 检查车体周正位置

是经过严格的安装和调试的,有夹具安装以保证车辆各部分对称和周正;而车身碰撞后的修复通常是靠维修人员的视觉校正和手工操作，装配误差难以保证。所以，车身周正检查可以通过观察各部位的对称情况，并注意部件安装的接合缝和尺寸公差来检查。如果出现线条明显弯曲、装饰反光条明显脱落或新旧不一，则该车辆可能发生过事故且被维修过。

按照《机动车运行安全技术条件》(GB 7258—2017)的要求：车体应周正，车体外缘左右对称部位高度差应小于或等于40mm。查看车辆腰线是否连贯自然，如果对称部位缝隙有明显差别或腰线明显不协调，则可判定该车有过碰撞或剐蹭，需要进一步排查事故车的可能性。

(2) 检查油漆脱落情况。通过目测，重点查看前后翼子板的油漆是否有脱落，漆色是否连续，查看发动机舱盖和行李舱盖的边缘和内缘是否有车漆未涂抹均匀的情况。比如排气管、装饰反光条边缘、发动机舱盖内部、车门外边缘等处是否有多余油漆，若有，则说明该车辆经过翻新。还可以用手敲击车身，如果声音不连续，在某些地方声音很闷，则说明车身曾补过灰，即车身面原本有凹陷，通过补灰手法将凹陷面补平，实际并不光滑。

(3) 检查底盘及线束连接情况。未发生事故的车辆，其连接部件应配合良好，车身没有多余焊缝，线束、仪表部件等安装整齐、新旧程度相近。检查二手车底盘时，注重观察车辆是否漏油、漏水、漏气，底盘部件表面锈蚀程度与车身其他部位相符，有无多余的焊接痕迹，铆钉是否齐全、紧固，转向横拉杆和球销有无裂纹和明显损伤，球销是否松旷，线束是否固定整齐，新旧程度是否一致等。

(4) 查看全车玻璃生产日期是否和车辆出厂年限一致。如果不一致，则可能为事故原因导致的后换玻璃，见图4-5。

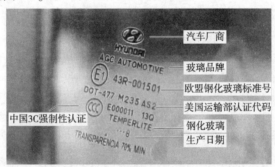

图4-5 汽车玻璃标号含义

(5) 检查缺陷部位。参照图4-6检测车体骨架结构和车辆外观，判断车辆是否发生过碰撞，确定车体结构是否完好无损或有事故痕迹。使用漆面厚度检测设备检查车身结构，运用车辆结构尺寸检测工具或设备检测车体左右对称性。若A、B、C柱的各个焊点粗糙、排列不均匀，A、B、C柱内外侧面漆面存在色差，可以判断出车辆受过撞击，而且伤及了车身A、B、C柱。

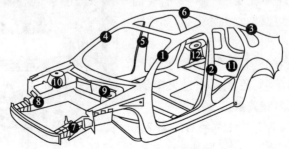

图4-6 车体骨架检查部位

1-左A柱；2-左B柱；3-左C柱；4-右A柱；5-右B柱；6-右C柱；7-左纵梁；8-右纵梁；9-左减振器悬架部位；10-右减振器悬架部位；11-左后减振器悬架部位；12-右后减振器悬架部分

水淹车辆主要通过以下简易方式甄别。

(1)空调出风口。空调出风口是难以清洗的地方,仔细检查出风口塑料格栅、出风口管道内壁是否有泥垢残留;空调开启后,闻一闻水淹后管线内部是否有霉变的味道。

(2)喇叭网。喇叭网网格细密,清洗喇叭网网格每处的污垢是困难的,当过水留有污垢时,喇叭网可以反映车辆过水情况,尤其是高音喇叭的角落位置,也是容易被忽略的地方。

(3)安全带插孔。过水位置较高车辆的驾驶室内清洗是困难的,安全带插孔和底部关节处的清洗更加困难,此处是判断车辆是否过水较好的依据。

(4)液晶面板。液晶面板过水后,会出现断字和显示不清的状况。

(5)电缆线。优先查看发动机舱内主电缆接头是否有污垢,检查驾驶员侧地板边缘主电缆,查看是否与发动机舱内电缆有同样情形的污垢。

(6)灯组。灯组虽然密封严格,但过水后也会有少量的水难以排出,在远光灯开启后,会出现雾状水蒸气,严重影响照明效果。

(7)气囊指示灯。打开点火开关,仪表盘上所有指示灯会亮起,而气囊指示灯会在检查完毕后自动熄灭,如果气囊指示灯没亮或持续亮着,则表示气囊工作系统有问题。原因有:

①气囊系统故障。

②汽车严重过水。

③气囊线路被人为拔掉。

④发生过重大事故或碰撞后气囊启用。

如果气囊指示灯持续亮着,在起动发动机后才和其他指示灯一起熄灭时,有可能是人为地将气囊指示灯与其他指示灯串联在一起。

(8)接合缝。检查复杂系统和部件等处是否有污垢,比如发动机、发电机、起动机、B柱接缝、前后车灯接缝等位置。

如果车辆过水的水质清澈无污泥,应仔细查看空气滤清器、行李舱底板铺垫等处,通常会留有过水痕迹。

火灾车辆是比较容易甄别的,车辆过火后会留下明显的痕迹。一些塑料类零部件遇火后会明显收缩变形;车身喷涂油漆物会有融化,且伴随车身金属裸露并被强烈氧化变色,变成如排气歧管一样的颜色。过火面积较大、燃烧时间较长的车辆通常修复困难,常作报废处理。

三、外观检查

1. 检查发动机舱

发动机舱位于整车的前端,是最容易发生碰撞的部位。事故车辆车头部分都会有或大或小的损伤,所以判断事故车时观察发动机舱是重要的环节。

(1)发动机舱的整洁度。发动机舱有灰尘和漏油是正常状况,但灰尘过多,或者一尘不染都可能是有问题的。灰尘多可能是车主用车强度大且不注意维护,这类二手车一般磨损很严重;而如果车辆使用年限久,但发动机舱十分洁净,同样也需要留心观察可疑之处,可能是车主故意靠清洁来掩饰车辆存在的问题;如果看到有少量的灰尘和漏油,则是正常现象,见图4-7。

(2)发动机舱盖。首先,观察发动机舱盖是否有螺钉拧动过的情况,如果发现舱盖螺钉被拧动过,螺钉下的垫片或者螺钉本身与之前的痕迹相比就会有明显错位的现象,则发动机舱盖被更换过,或修复过。同时还要观察发动机舱盖的螺钉或垫片上是否有油漆痕迹。

其次，查看机舱盖边缘有无明显弯曲和不对称的痕迹，以及隔音布边缘有无拆除痕迹。发生正面碰撞一般都会伤及发动机舱盖，造成发动机舱盖周边扭曲变形。维修人员在给发动机舱盖做钣金喷漆时，会将固定隔音布的塑料卡扣拆掉。检查时需要关注卡扣有无缺失、是否被拧动过。

最后，检查漆面的平整度，胶条是否整齐、规则，以及舱盖锁扣的情况，见图4-8。

图4-7　老旧车辆发动机舱内部整洁状况　　　　图4-8　新车发动机舱盖状况

（3）水箱框架。首先，观察水箱框架上支架是否有松动过的痕迹。因为水箱框架在发动机舱内的靠前位置，事故后很容易变形，检测时需要看水箱框架有无钣金修复的痕迹。

其次，观察它与前翼子板内衬连接处的螺钉是否有松动的痕迹。通常，该处的螺钉在车辆正常使用过程中是很少会触碰到的，如果螺钉上的油漆消失，或者螺钉有明显被拧动的痕迹，就可以断定这辆车发生过事故且更换过水箱框架。

最后，观察水箱和前翼子板上纵梁接合部分的焊接点，如果发现焊点呈凸出状，有失圆或大小不一的点焊，焊点粗糙不光滑，排列不规则、不均匀，则表明该焊点有重新烧焊的痕迹，证明水箱框架受到过撞击。也应注意，原厂的水箱框架上是贴有标签的，而经过更换的水箱一般没有标签，见图4-9。

（4）前翼子板。首先，前翼子板形状不规则，当受撞击后有可能使发动机舱内侧受到损伤。应仔细观察翼子板内衬的状况，若有钣金修复的痕迹，则证明该车辆发生过侧面碰撞。

其次，查看前翼子板边缘是否有褶皱痕迹，固定的螺钉是否错位，若有上述现象，则证明翼子板被碰撞过。

最后，还应观察前翼子板漆面和两侧翼子板厚度，漆面有色差或是两侧翼子板厚度不同，在两侧前翼子板同样位置，当用手敲击后声音不同，都可以证明翼子板被更换过，见图4-10。

图4-9　新车发动机舱盖状况　　　　图4-10　受损伤且修复过的前翼子板

(5)前纵梁。汽车前纵梁能够吸收正面碰撞的能量,目前车辆都已经装配了前防撞梁,严重撞击时前纵梁可以起到吸收撞击能量的关键作用。

由图4-11可见,前纵梁的位置在发动机舱的中下端,查验较为困难。如果发现前纵梁有明显褶皱或者经过钣金修复后的痕迹,则该车很可能出现过碰撞事故。如果褶皱不明显,应对比前纵梁两侧的漆面是否一致,如果两侧漆面不一致或者已经脱落了,则认为该车辆可能受到过撞击。

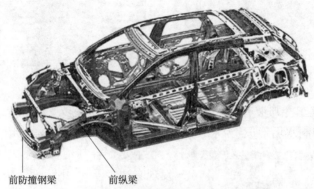

图4-11 前纵梁与防撞钢梁位置

(6)机油。当机油指示灯不亮,并不能认为机油没有问题,从而忽视了对机油的检查,购置二手车时检查机油很有必要。

首先应查看机油的存储量和机油的质量。把汽车停到平坦的路面,起动汽车发动机,达到正常的工作温度后熄火并等上几分钟,使机油能够流回油底壳。

先将机油尺拉起,观察油位。位置低于最低刻度线则证明机油过少,机油过少肯定会造成发动机各机械部件磨损加剧;位置高于最高刻度线则证明机油过多,机油过多会造成机油会进入汽缸内燃烧,机油油耗增加的同时也会使燃油油耗增加。

(7)传动带。检查传动带的磨损和老化情况时,如果汽车传动带薄厚不均匀、传送带有裂纹、传送带周边起毛等都说明传送带磨损严重。这样就会出现传动带与传动带轮的接触面积锐减的状况。

假如这时用力压下传动带,传动带就会深深地下沉到传动带轮的槽内,使其动力输出受阻。传动带也很容易出现老化现象,传动带老化后很容易出现断裂痕迹,且用手可以撕出橡胶屑,这样的传动带不能够继续使用,为了行车安全,选购二手车时要仔细关注传动带的情况。新汽车传动带见图4-12。

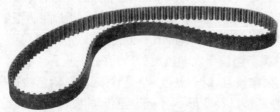

图4-12 新汽车传动带

(8)火花塞。火花塞的更换周期一般是6万~8万km,车主在每2万km可以做一次检查。

拆下火花塞查看电极侧有无变黑的现象,是否有积碳、龟裂纹、不正常疤痕和电极融化的现象。若存在上述情况,则说明火花塞存在故障。随着车辆行驶里程的增加、火花塞电极间隙增大会造成起动困难,见图4-13。

图4-13 新火花塞和严重积碳的火花塞对比

(9)冷却液。汽车冷却液有防止水箱过热、减少冷却液蒸发、保护发动机冷却系统免遭锈蚀和腐蚀、有效抑制水垢形成、为水泵节温器及其他部件提供润滑作用。

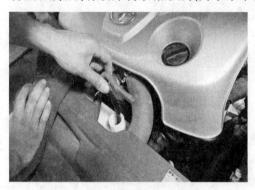

主要查看其液面是否存在异物漂浮,如果发现有油污浮起,则说明可能有机油渗入其中;如果发现有锈蚀的粉屑漂浮,则说明散热器内已锈蚀严重,见图4-14。

(10)蓄电池。查看蓄电池的外观,蓄电池壳体需保证完整、完好。检查蓄电池主要是查看蓄电池是否缺少电解液,以及是否有漏液的情况。电解液液面高度一般为高出极板防护网2~3cm。

图4-14 检查发动机冷却液

现在绝大多数蓄电池在外壳上都有电解液液面高度上、下限标记。所以,电解液液面只要在规定范围内即可用。如果电解液缺失,蓄电池的使用寿命就会降低,蓄电池的寿命约为2年。检查低压电路的各部件接口,查看电线有无烧蚀、接触不良等,也要关注熔断丝的状况。

(11)空气滤清器。如果在使用过程中,长时间不维护车辆,空气滤清器的滤芯就会沾满空气中的灰尘,这不但会使过滤能力下降,而且还会妨碍空气的流通,导致混合气过浓而使发动机工作不正常。

检查空气滤清器主要是查看车主对汽车的维护情况。通常观察空气滤清器的滤芯是否吸附了较多的灰尘和其他污染物。如果发现空气滤清器里面滤芯很脏,则说明车辆使用强度大,且车辆维护不及时,该车辆的评估价值不会高。

(12)减振器座。减振器座位于发动机舱的后端两侧,见图4-15。

如果汽车发生过正面撞击且减振器座已经变形,则该车辆已接近报废,几乎没有任何维修价值。大体上说,减振器座已经变形了,位于其前面的发动机等主要部件也会受到很大冲击。所以要仔细检查减振器座,重点检查它周围的胶体有无开裂,或者修复的痕迹。如有上述痕迹,该二手车的评估价值会很低。

(13)舱内线束。发动机舱内的线束也要着重检查。很多时候汽车自燃都是线路短路造成的。当检查发动机舱时,一定要查看发动机舱内的线束是否存在老化、破裂、短路、布局不规整等现象,如果碰到此类现象的二手车,需谨慎评估,见图4-16。

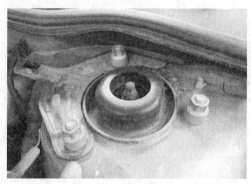
图4-15 检查减振器座

图4-16 已经开裂且布置不规则的舱内线束

2. 底盘检查

底盘长期暴露在外,饱受风霜雪雨、泥水、石头的侵蚀,受损的概率大于车身。底盘的检查需要有地沟和举升机,运用举升机检查效率较低,检查每台车辆的底盘至少需要1h,当需要评估的车辆数量较多时,地沟是更好的选择,见图4-17。

图4-17 双柱举升机和地沟

二手车鉴定评估中,为了节约成本,查看底盘的流程一般也都被省略。虽然二手车经销商提供了质保和保障服务,但买家对合同上条款的研究并不深入。如果发现底盘有问题,买家可以将其作为强有力的竞价理由。

(1)车底护板和大梁。车底护板位于车身最底部,用于保护车底部件。

检查时要留意观察护板有无拖底划伤或锈蚀。如发现异常,要仔细观察相关部位的机械部件是否受到影响。同时,还应查看油底壳和变速器壳是否存在漏油的情况,见图4-18。

如果存在漏油的迹象,则动力系统很可能会出现过度磨损。检查时要着重查看是否存在断裂、弯曲、焊接等情况。如有上述情况,则表明该车辆可能出现过事故。

(2)排气总成。多数汽车排气部分是固定在汽车底盘上的,检查时应该仔细观察排气管的腐蚀及破损程度,尤其是位于排气管尾部附近的消声器是否存在焊接痕迹。

汽车所排放的尾气中会掺杂一些水分,这些水分在高温状态下会变成水汽并慢慢排向尾段排气管,冷凝后形成水,时间一长便会腐蚀尾部消声器。排气管尾部的消声器出现腐蚀渗漏后,排气的声音会变成不规则的"噗噗"声,此时只能更换排气管尾部或者焊补。所以,如果消声器存有焊接痕迹,则意味着排气管腐蚀严重(图4-19)。

(3)转向节臂与转向横拉杆。检查转向节臂、转向横拉杆时,要对有无裂纹和损伤、有无拼焊的痕迹进行勘验。还应查看转向横拉杆球销是否有松旷的现象、各运动部件在运动中有无干涉、其连接是否可靠、是否存在摩擦现象。

图4-18 地沟上检查车底护板

图4-19 年久未经修理的汽车排气管

（4）减振器、减振胶、钢板弹簧。减振器决定了车辆的舒适性和通过性，是汽车最常见的易损件，而且更换时通常都是成对更换的，成本很高。

如果发现减振器在正常使用后出现磨损漏油的现象，则需要着重检查。如果减振器上加装有减振胶，在检查减振器时，也要检查减振胶是否存在老化开裂的现象，见图4-20。

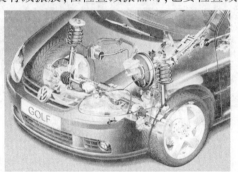

图4-20 减振器、减振胶和钢板弹簧

减振胶一旦发生老化开裂的情况，会使汽车的减振效果大打折扣，还会导致减振器传到车身的振动及噪声变大。

针对厢式货车或多用途货车，钢板弹簧也是汽车底盘检查的重要对象。钢板弹簧多用于载货汽车，或类似于五菱之光等的车辆上。

底盘检测中，如果碰到安装有钢板弹簧的车型，要认真查验弹簧钢板是否存在裂纹、断片或缺片现象。另外，中心螺栓和U形螺栓是否紧固也需进行仔细排查，并确保车架与悬架之间的各拉杆和导杆不会出现松旷和移位现象。

（5）转向球头防尘套。评估人员从车辆底部向上观察，会发现大多数车型轮胎内侧安装有一个形状曲折的橡胶套，即为转向球头防尘套，主要用于保护转向球头免受灰尘侵入及防止球头发生机油泄漏。

通常，车辆在转向时转向盘不能打得过死，这样做的目的是保护转向机及防尘套，避免其意外受损。如果车主反复过度转向，会加剧防尘套的损坏。防尘套的维修更换非常费时费力。检查底盘时要格外关注防尘套的破裂情况，它间接地反映了车主的驾驶习惯，见图4-21。

图4-21 已经开裂漏油的转向球头防尘套

（6）轮胎花纹。轮胎的磨损情况不仅反映出汽车的使用情况，还直接关系到驾驶员的行车安全。

首先，应检查轮胎胎面及胎壁上的花纹。如果出现裂纹，则表明轮胎已经老化严重，需要进行更换。

其次，查看轮胎的磨损度，每个轮胎胎面凹槽处都有一个厚度约2mm的磨损极限标识，可根据胎面与其距离间接判断车辆的行驶里程及轮胎磨损程度。

最后，还需注意轮胎是否有起包、变形的现象，若有则表明轮胎内部的金属线圈已经变形或断裂，这种车极有可能发生爆胎危险。

（7）万向节、传动轴、中间支承。检查时，如果发现上述部件存在松旷、开裂的现象。若问题严重，不仅会影响车辆的整体传统效能，而且会导致油耗升高。

（8）机油滤清器。机油滤清器是最常见的维护耗材之一。

检查时，通过观察它的新旧程度，可以粗略推算出上次汽车维护的日期，这在一定程度上反映出了车辆的维护状态，也便于购车后如期更换，见图4-22。

（9）底盘线路。待底盘各部件查验完毕后，还应检查车底电气线路（图4-23）。很多汽车发生自燃都与线路短路有关系。

图4-22　查看并更换机油滤清器

图4-23　查看底盘布线

通常，电线应该被捆扎成束状，布置的也十分整齐，接头比较牢固且配有绝缘套。如果在检查底盘时发现电线杂乱无章、绝缘皮脱落且电线老化，建议及时进行修复。

3. 驾驶室与内饰检查

内饰做过翻新处理的二手车，通常在打开车门时会闻到一股浓浓的漆味，因此在检查内饰时要格外留意车内气味。为了掩盖内饰磨损严重的事实，对于内饰翻新的二手车，其使用频率都很高，行驶里程也较多，且老化程度较为严重。

嗅觉判断。汽车转向盘、变速器挡位操纵杆周围是真皮材质的，浸水泡2h后，霉味明显。为了检查出真皮材料霉味的缺陷，检查时发现气味奇怪就应加强警惕，为保险起见，应打开空调闻一闻出风口的气体是否有异味。

触觉判断。用手触摸地毯和顶棚的绒毛，应感觉流畅、顺滑；如果摸起来感觉有绒毛粗糙、打绺的情形，则说明二手车内饰有过过水的经历。还要检查座椅，用手按座椅，体验座椅的弹性，泡过水的座椅会很硬，弹性大为缩减。

视觉判断。如果内饰过水，安全带上会有水渍或者发霉的痕迹，需加以警惕；如果内饰中的熔断器内部有泥沙，也能证明车辆泡过水；查看驾驶室内座椅底座和金属裸露的部位是否生锈，也是是否有过过水的依据。还要查看内饰的磨损、使用情况，检查转向盘、仪表盘、按钮开关、座椅、踏板和换挡杆等部位。

（1）转向盘。首先试试手感，手感好的转向盘会使驾驶更加舒适。其次，检查转向盘是否存在松旷的现象;双手紧握转向盘,前后左右不停地摇动。最后,还要查看转向盘自由转动量单侧不应该超过15°。

(2)仪表盘。首先,查看仪表盘的指示针是否能正常移动,故障指示灯是否亮起。

其次,检测时可以通过踩加速踏板观察指示针是否转动灵敏且能够归位,查看仪表盘的故障指示灯是否亮起。如果其中一些相关功能的指示灯亮起,则证明该车可能存在相应故障。

最后,还要检查仪表盘四周的缝隙是否匀称,如果不匀称,则说明仪表盘可能存在拆卸的现象,见图4-24。

图 4-24　查看仪表盘指示灯

(3)按钮和开关。检查内饰时注意按钮的使用情况。按下所有的按钮,查看其是否可以正常工作,尤其是空调、转向灯、车窗玻璃等常用的开关,见图4-25。

(4)座椅。除查看是否泡过水外,还要着重查看它的材质、清洁度、完整度,还要试着操控前排座椅以查看其是否可以前后自由移动且能够固定在多个位置,见图4-26。

图 4-25　检查按钮和控制开关

图 4-26　检查座椅灵活性

(5)踏板和换挡杆。踏板和换挡杆的磨损程度过大,则说明驾驶者使用过于频繁,车辆的实际行驶里程会较多。检查踏板时一定要踩下试试,确保不存在沉重、不复位现象。

4.行李舱检查

二手车行李舱的检查,主要是查看功能性部件的好坏,是否有过追尾事故的痕迹,再查看它有无修复、被锈蚀的痕迹,以及备胎工具是否齐全、密封条是否原装、有无修复痕迹等,见图4-27。

图4-27 两厢车行李舱和三厢车行李舱

(1)行李舱锁。电子钥匙是否能正常开启和锁止,观察行李舱锁有无损坏。

(2)舱盖气压减振器。检查气压减振器能否支撑起行李舱盖的质量,并稳定在最大限位位置。

(3)备用轮胎和工具(图4-28)。行驶里程较短的汽车,备用轮胎胎面无灰尘,花纹深度较深,不应是花纹已经严重磨损的备用轮胎。重要的随车工具有千斤顶、轮胎螺母拆装工具、警示牌。

(4)接合缝隙。检查行李舱时要注意从车辆的右侧一直绕到车尾。主要查看行李舱盖与尾灯、两侧后翼子板之间的缝隙,查看缝隙是否均匀,左右是否对称。如果不均匀、不对称,则说明此车的行李舱或许发生过碰撞导致移位,或者是进行过修复。

(5)尾灯。检查尾灯的新旧程度是否一致,查看灯位缝隙是否整齐,左右是否对称。如果两个尾灯的新旧程度不一,则可能此车辆发生过追尾,尾灯被更换过。

(6)行李舱盖。打开行李舱后,主要查看行李舱盖的内侧有无发生变形,查看两侧后翼子板上的焊接原点是否依旧存在。建议撕开密封胶条,查看内饰条是否变形,焊接原点是否存在。这些都是可以判断出有没有发生过追尾事故的依据。

(7)地毯下的钣金件。地毯下的钣金件是否有烧焊过的痕迹,是分辨有无进行过钣金维修的重要依据。

(8)焊接点。行李舱各个焊接点的布置位置见图4-29。

图4-28 备用轮胎及随车工具

图4-29 行李舱焊接点位置布置

位置1和位置2为两侧后翼子板上的焊接原点,撕开密封胶条以后,观察位置3处的焊接原点是否存在。打开备胎舱盖后,查看露出的焊接点是否为原厂焊接点。

还应查看内饰条是否变形;查看底板是否有变形或整形痕迹。如果车尾被撞过,不管是追尾还是其他事故,底板基本都会变形。

(9)密封胶。仔细查看备胎槽靠近车尾的位置是否有一层密封胶,一般来讲,这层密封胶是粗糙的。修复车辆所采用的密封胶与原厂密封胶的颜色不同。

第二节 动态检查

二手车的动态检查是指车辆的路试检查。目的是:在一定条件下,通过汽车各种工况,如发动机起动、怠速、加速、匀速、滑行、强制减速、紧急制动,变速器从低速挡换入高速挡、从高速挡换入低速挡的行驶,检查汽车的操纵、制动、滑行、加速、噪声、废气排放等性能,以鉴定二手车的技术状况,见图4-30。

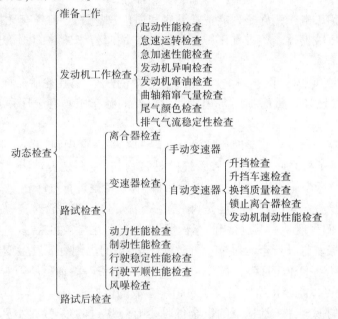

图4-30 车辆动态检查内容

一、准备工作

在静态检查后,选择合适场地,查看燃油、机油、制动液、转向液压油、冷却液、制动踏板、离合器踏板、转向盘、轮胎气压等应在正常范围内,且没有滴漏现象,车辆发动机起动后,仪表盘各指示灯显示正常,确认车辆能够满足评估人员的安全。

(1)制动踏板。主要通过视觉和脚部触觉判断,运用驾驶员的脚部来判断制动踏板的行程与踩踏力度。

检查时,需要将制动踏板踩下 25~50mm,正常情况下会感到很坚实且没有松软感,即使踩踏时间持续 1~2min,踏板操纵力也没有发生变化,说明液压制动系统工作正常。若发现踏板力不大,没有明显的阻力,则说明制动操纵系统有故障。还应检查驻车制动是否正常,选择合适坡度试验驻车制动性能。

(2)轮胎胎压。路试前先观察轮胎的气压是否充足,用轮胎气压表测量实时气压范围

(正常标准型轮胎胎压范围为 2.4~2.5bar❶)。检测胎压很有必要,过高(或过低)都会对试驾的安全性和舒适性产生影响(图4-31)。

二、发动机工作性能检查

发动机工作性能检查包括起动、怠速、急加速、异响、窜油、曲轴箱窜气量、尾气颜色等性能检查,还需要检查排气气流稳定性。动态检查中,要求发动机工作性能检查时车辆变速器不入挡,即车辆静止不动,但发动机工作。

图4-31 轮胎气压检测

(1)起动性能。检查发动机起动是否容易,是判断发动机工况是否良好的前提条件之一。正常情况下,发动机起动3次内就会成功起动,每次起动时间不应超过5s,再次起动时间要间隔15s以上。如果发动机不能正常起动,则说明发动机的起动性能不好。

发动机的起动性能不好往往是由气路、电路、油路、机械故障4个方面造成的。常见的原因有空气滤清器堵塞、供油不畅、点火系统漏电、气门关闭不严等,不同因素造成的起动困难现象会影响二手车的价格。

(2)怠速性能。工作稳定后,轿车汽油发动机怠速转速一般在(800±100)r/min,柴油发动机转速一般在(700±100)r/min。当发动机转速有100r/min的波动时,是因为受开关空调的影响。

正常车辆应怠速平稳且发动机振动波动小。如果在正常怠速状态下发现发动机转速升高(开空调的情况除外)、降低、抖动异常等现象,说明发动机怠速异常。车辆出现怠速异常,其原因通常难以寻找,点火正时、气门间隙、供油系统、废气再循环系统等工作不佳都会引起怠速不良。

(3)急加速性能。当检查完怠速性能后,发动机水温达到80~90℃、油温达到70~90℃时,用手拨动节气门,使发动机进入急加速模式,观察急加速性能,然后突然松开节气门,再观察一下发动机是否会突然熄火或者工作不稳。通常,急加速性能好的汽车,在急加速时会发出强劲且具有节奏感的轰鸣声。

(4)异响。正常情况下,发动机起动后不会出现尖叫声,只会听见均匀平稳的"突突"声,除此之外没有其他的噪声。评估人员可以通过拨动节气门,使发动机转速升高,同时观察发动机是否存在异响。如果发现发动机传出尖叫声、爆燃声、金属敲击声、隆隆声等复杂的异响,则说明该车辆发动机多半存在故障,甚至已经到了必须大修的地步。

(5)窜油。拿一张白纸测试,将白纸放在离机油加注口5cm的地方,用手拨动节气门使发动机加速运转(图4-32)。若发动机窜油,则白纸上会有油迹,窜油严重时油迹会变大。

(6)曲轴箱窜气量。检查曲轴箱窜气量可以间接地反映出发动机的使用情况。

打开发动机曲轴箱通风口,通过拨动节气门来逐渐加大发动机转速,观察曲轴箱的窜气量,四缸汽油机正常窜气量为10~20L/min(图4-33)。正常情况下,曲轴箱窜气量较少且无明显的汽油味道。如果在测试过程中闻到浓重的油气味,则说明汽缸与活塞磨损严重、汽车行驶的里程大、汽车需要发动机大修。

---

❶ 1bar = 10^5 Pa。

图4-32 机油加注口

图4-33 曲轴箱通风口

当曲轴箱窜气量大于600L/min时,曲轴箱通风系统不能保证曲轴箱的气体完全被排出,通风系统可能结胶堵塞,曲轴箱气体压力将增大,曲轴箱前后油封可能漏油,则该发动机需要大修。

(7)尾气颜色。汽油机排出气体是无色的,在严冬可见白色水气;柴油机排出气体是灰色的,负荷加重时尾气颜色会加深一些。汽车发动机排出的尾气颜色有3种:黑烟、蓝烟、白烟。

一般认为,排气管冒黑烟是因为燃料燃烧不完全。冒蓝烟是因为汽缸与汽缸壁之间的间隙变大,机油窜入燃烧室参与燃烧。

冒白烟的原因有两种。其一是汽缸壁有裂纹,汽缸外水套中的冷却液透过汽缸壁裂纹进入燃烧室,被蒸发成水汽排出;其二是在寒冷和潮湿的空气中,排气管排出的尾气加热了空气中的水汽,使其呈现白烟状,实则为水蒸汽。

图4-34 测试排气气流稳定性

(8)排气气流稳定性(图4-34)。通过排气管气流稳定性可以分析车辆状况。检测时,将手放在距排气口10cm左右的地方(手能感受到气流的位置),发动机工作良好的汽车排气流会很小。如果评估人员的手感觉到排气流呈现周期性或不规律地间断性地喷出,则该车辆可能存在间断性的失火;如果手的敏感度不够,可以用一张纸代替手,正常情况下纸会不间断地被气流吹开;如果出现排气口吸附纸片,则证明汽车配气系统出现故障。

三、路试检查

车辆路试一般行驶20km左右,按照《机动车安全运行技术条件》(GB 7258—2017)中对道路测试的要求:机动车应在平坦、硬实、清洁、干燥且轮胎与地面间附着系数大于或等于0.7的混凝土或沥青路面上进行,风速小于或等于3m/s。

路试需要检查的内容主要包括:离合器工况的检测、换挡性能的检测、动力性能的检测、制动性能的检测、行驶性能的检测、滑行能力的检测、风噪的检测。

(1)离合器工况的检测。对于手动变速器汽车来讲,起步时不免要接触离合器,因此离合器检测很有必要。

评估人员驾驶车辆逐级升挡起步,如果离合器接合平稳、分离彻底,工作时不出现打滑、抖动、异响等，则为正常现象。若在起步过程中发现离合器发生抖动或者异响，应重点观察其离合器部件的在用状况。离合器踏板的自由行程为30～45mm，如果发现自由行程过大，则说明离合器磨损严重。

据实车测试，乘用车离合器踏板力不超过200N。城市公交车离合器踏板力不超过300N。离合器踏板力影响驾驶舒适性，应符合人机工程学要求。

（2）换挡性能的检测。换挡性能的检测是将汽车从低速挡换到高速挡，再从高速挡换到低速挡，从而确认换挡是否轻便灵活，以间接反映变速器的工作性能。

如果换挡时听到变速器齿轮发出打齿的声响，或者明显感到挂挡困难，则说明变速器齿轮已有较大磨损，或者换挡拨叉变形或锈蚀，也有可能是同步器失效。如果行驶过程中脱挡，则说明变速器齿轮磨损严重；如果行驶过程中变速器操纵杆抖动，则说明操纵机构的各处铰链磨损严重，产生了变速器操纵杆松旷现象。

（3）动力性能的检测。动力性能会随着车辆使用时间的延长而变化。

汽车动力性检测以车辆由静止达到100km/h的加速时间来判定。动力性良好的汽车急加速时发动机会发出强劲的轰鸣声，车速也会迅速提升；动力性不好的汽车会明显感觉到汽车提速缓慢。

在测试动力性能时最好选择不同的路况测试，除了在平坦的路面测试加速性能指标外，还需在斜坡上测试爬坡能力，如果车辆加速迟缓、爬坡无力，则该车辆评估价值较低。

（4）制动性能的检测。制动性能检测是路试检查中的重点。《机动车安全运行技术条件》（GB 7258—2017）的要求见表4-1。路试检查中制动性能检测包含两个方面：行车制动性能检测、驻车制动性能检测。

GB 7258—2017中对制动距离和制动稳定性要求　　　　　　　表4-1

机动车类型	制动初速度（km/h）	制动距离（m）		平均制动减速度（m/s²）	
		空载	满载	空载	满载
乘用车	50	≤19.0	≤20.0	≥6.2	≥5.9
总质量≤3500kg的低速货车	30	≤8.0	≤9.0	≥5.6	≥5.2
其他总质量≤3500kg的汽车	50	≤21.0	≤22.0	≥5.8	≥5.4
汽车列车	30	≤9.5	≤10.5	≥5.0	≥4.5
其他汽车	30	≤9.0	≤10.0	≥5.4	≥5.0

注：制动距离是指机动车在规定的初速度下急踩制动踏板，从脚接触制动踏板时起至机动车停住时为止驶过的距离。

分段检测行车制动。汽车起步后，要先点一下制动踏板，看是否有制动现象，将车速加速到20km/h时做一次紧急制动，观察汽车是否出现制动不明显、跑偏的现象；再将车速加速到60km/h，轻踩一下制动踏板，看汽车是否立即出现减速现象；最后，测试一下紧急制动的制动情况，看汽车是否跑偏、甩尾。

如果发现制动效果很差，有可能是制动摩擦片磨损严重，需要更换；如果踩制动踏板感觉像踩海绵，则说明制动系统管路存在漏气状况。

空载检查时，乘用车液压制动系统的踏板力不超过400N，其他机动车不超过450N；满载检查时，乘用车液压制动系统的踏板力不超过500N，其他机动车不超过700N。

在斜坡上检查驻车制动情况，将汽车停在斜坡中间，拉起驻车制动器手柄，观察汽车是否能挺稳、是否溜坡。空载状态下,在轮胎与路面之间的附着系数大于或等于0.7的斜坡上,驻车制动装置应保证机动车在20%坡度的斜坡上停住(对总质量为整备质量的1.2倍以下的车辆为15%),停留时间大于或等于2min。

(5)行驶稳定性能的检测。将汽车开到50km/h并松开转向盘,看汽车是否保持直线行驶,如果汽车转向一侧,则说明转向轮定位不准或悬架变形。

将车速提升至90km/h,看是否出现汽车摆头现象。如果汽车在高速时出现摆头现象,则说明汽车车轮不平衡。

选择宽敞的路面,左右转动转向盘,检查转向是否灵活、轻便。若转向沉重,说明汽车转向机构各球头缺油或轮胎气压过低,对于有助力转向的汽车,转向沉重可能是动力转向泵和齿轮齿条磨损严重,修理或更换转向齿条相当昂贵。动力转向问题,有时还靠转向盘转动时的声音来识别。

对于最高设计车速不小于100km/h的汽车,转向盘最大自由转动量单侧不允许超过15°。若转向盘的自由转动量过大,意味着转向机构磨损严重,使转向盘的游动间隙过大,使得转向不够灵便。

(6)行驶平顺性能的检测。检查汽车行驶平顺性时需要将汽车开到路况较差的地方,然后感觉一下汽车在这种环境下的舒适性能。

汽车在这种环境下行驶,如果评估人员听见汽车前端发出忽大忽小的"咯吱"声或者低沉的噪声,说明该车的减振器固定装置松了或轴衬磨损严重。如果汽车在转弯时,车身侧倾过大,则说明横向稳定杆衬套或减振器磨损严重;如果前驱汽车前端发生异响,也很有可能是等速万向节出现故障。

(7)滑行能力的检测。在平坦的路面上,将车辆加速到50km/h时踩下离合器踏板,将变速器摘入空挡滑行(自动变速器为N挡,有能量回收装置的车辆应保证N挡时回收装置不起作用),要求试验风速小于或等于3km/h。根据滑行距离估计机动车各传动效率是否够高,试验时尽量保持车辆沿直线行驶,试验往返进行3次,记录滑行距离。一般汽车越重,滑行距离就越长;初始速度越高,滑行距离也越长。试验应该按照《汽车滑行试验方法》(GB 12536—2017)进行。

(8)风噪的检测。通过风噪声的大小也能判断出二手车的车况。通常,车速越高,风噪声越大。

在路试过程中,汽车保持高速行驶,如果评估人员听到很大的风噪声,说明车船的密封条损坏或者车门变形导致汽车密封性能不好,尤其是整形后的事故车一般风噪声很大。碰到这种情况一定要仔细检查车况。

四、自动变速器的路试检查

(1)升挡检查。首先,使汽车低速行驶10min,变速器和发动机都达到正常的工作温度后,然后将变速操纵杆放到前进挡(D挡)位置,踩下加速踏板使汽车起步加速,观察自动变速器的升挡情况。

正常的自动变速器,在升挡时发动机会有瞬时的转速下降,同时车身存在轻微的向前闯动感,随着车速的逐渐升高,可以明显感觉到挡位逐渐从1挡升至最高挡。如果测试过程中发现挡位无法升到最高(3挡及以上),可能是控制系统或换挡执行元件出现故障。

(2)升挡车速。由于降挡时刻在汽车行驶中不易被察觉,最好通过升挡车速来断定自动变速器的好坏。升挡车速和节气门的开度关联密切,节气门开度不同,升挡车速表现也不同。

选择节气门开度为控制变量,一般4挡自动变速器节气门保持在开度为1/2时,1挡升到2挡升挡车速为25～35km/h,2挡升到3挡的升挡车速为55～70km/h,3挡升到4挡的升挡车速为90～120km/h。行驶过程中通过以上测试发现升挡车速保持在以上范围,且汽车加速良好、无换挡冲击感,则证明变速器升挡车速测试没有问题。

如果升挡车速过低,则证明控制系统存在故障;如果升挡车速过高,则说明换挡控制元件或控制系统出现故障。

(3)换挡质量。检查自动变速器是否存在换挡冲击。良好的自动变速器换挡冲击很小,由变速器操纵机构传导至驾驶员手臂的冲击力,评估人员几乎感觉不到。若换挡过程中明显感到换挡冲击较大,则说明此车油路油压过高或者换挡执行元件打滑,此类故障维修的车辆不易修理。

目前,重型商用货车也采用自动变速器AMT(电控机械式自动变速器),一般搭载在高端牵引车上,可以大幅度地减少驾驶员劳动强度。与传统的机械式变速器不同是,AMT没有同步器,由接合齿套与齿轮直接接触,有传动效率高的特点,售价也比较高。AMT需要大功率柴油机,当二者匹配不好时,会出现换挡顿挫、卡挡等现象,特别是在空调开启的情况下,导致换挡质量不好,AMT换挡时间通常在1～2s内完成。德国采埃孚(ZF)、美国(EATON)等变速器厂家在AMT的控制上处于国际领先位置。

(4)锁止离合器。检查锁止离合器工况时需要将车速控制在80km/h,同时使节气门开度保持在低于1/2的位置范围,使汽车变矩器进入锁止状态,再将加速踏板快速的踩至2/3开度,观察发动机转速。如果发动机转速没有发生什么太大的变化,则说明锁止离合器处于接合状态;如果发动机转速升高很多,则说明锁止控制装置出现故障。

(5)发动机制动性能。平坦路面上,轮胎胎压符合行驶要求,将汽车控制在低速挡行驶,突然松开加速踏板,路面提供的滚动阻力通过车轮、传统系统反拖发动机,如果车速立刻随之下降,则证明发动机制动效果明显,观察自动变速器低挡传动性能。

五、路试后检查

(1)检查冷却液温度、机油温度。冷却液和机油温度不应超过90℃,齿轮油温不超过85℃。

(2)检查制动摩擦片、变速器壳、驱动桥壳等是否存在过热现象。如果存在温度异常现象,要提高警惕。

(3)检查"四漏"。路试后先不要熄火,将汽车停稳,检查是否存在漏水情况,打开发动机舱盖,检查散热器、水箱、水泵、水管及其连接件,查看是否存在泄漏痕迹。

(4)汽车连续行驶距离不小于10km,停车5min后,不得有明显油液渗漏的现象。检查机油、变速器、主减速器、转向液压油、制动液、离合器液、液压悬架液等无明显渗漏。

(5)检查点火系统是否存在漏电情况。断开点火开关,拆下蓄电池负极接线,再将接线与蓄电池负极柱碰触,观察火花强度。若火花越强,则说明漏电现象越严重,说明有较大电流存在,应着重查看是否有用电器在一直工作或线路是否有破损搭铁现象;若火花较弱,则说明有较小电流存在,应重点检查室内照明灯、行李舱灯等是否存在虚接常亮现象。

(6)检查进排气系统是否漏气。听察排气声音并观察发动机是否无力。

(7)检查完后,将汽车熄火几分钟,观察各油管和部件是否存在漏油痕迹。如果发现问题,需要核算维修成本。

第三节 仪器检查

当车辆某些技术性能及各总成、部件的技术状况应采用量化指标说明时,或者在一些无法通过肉眼和经验来判断的情况下,需要借助一些常用的仪器和设备测定这些指标。

检查汽车综合性能指标的主要设备有:底盘测功机、制动试验台、侧滑试验台、前照灯检测仪、大型四轮定位仪等设备,这些设备被一些汽车综合性能检测中心(站)或汽车厂家所采用,操作难度大,二手车鉴定评估人员不需要掌握这些设备的使用方法。而对于一些常见的、小型的检测仪器应能掌握,以便迅速地判断车辆的性能水平和发现故障。

常见的、小型的二手车综合性能检测仪器主要有:

(1)冰点测试仪。又称防冻液冰点检测仪,是按照《喷气燃料冰点测定法》(GB/T 2430)的要求设计制造的。

选择不同的配置,可分别用于喷气燃料、发动机冷却液及其浓缩液冰点等指标的测定。通过测得的百分比可以知道以丙二醇和乙二醇为基的防冻系统的冰点和汽车前风窗玻璃清洁液的冰点,还可用来检查蓄电池内电解液的密度及使用状态,见图4-35。

(2)烟度计。用来测量压燃式发动机,或装有压燃式发动机汽车排放可见污染物的仪器,见图4-36。

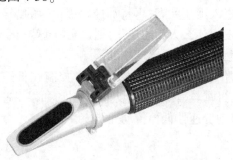

图4-35 冰点测试仪

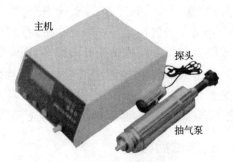

图4-36 烟度计

它的测量原理是一定光通量的入射光通过一段特定长度的被测烟柱,用光接收器上所接收到的透射光的强弱来评定排放可见污染物的程度。烟度计一般由取样探头、测量部件、控制系统和显示仪表等部分组成。

(3)四轮定位仪。当评估人员驾驶二手车时感到方向转向沉重、发抖、跑偏、不正、无法归位或者发现轮胎单边磨损、波状磨损、块状磨损、偏磨等不正常磨损,以及驾驶时车感飘浮、颠颤、摇摆等现象出现时,应该做四轮定位,见图4-37。

①不均匀的轮胎磨损表示轮胎、转向装置或悬架等某些方面出了故障。产生轮胎偏磨的最常见原因是不适当的充气压力、未定期进行轮胎换位、驾驶习惯不当,或者原来的四轮定位不正确等。

②由于各种原因引起轮胎不稳定旋转产生轮胎振摆现象。与振摆有关的振动故障只能通过寻找振摆的来源来消除。修理通常包括轮胎的再组装或更换、车轮轴承更换、轮毂更换等。

③车辆行驶方向发生偏移产生车轮跑偏通常是由以下原因造成的：轮胎结构、轮胎配合不当或磨损不均匀、前轮或后轮定位不当、转向机阀偏离中心、制动调节不匀称，或者制动器拖滞。

（4）汽车尾气分析仪（图4-38）。能够对机动车的排放情况进行检测，监测其污染物的排放水平，判断排放污染物是否合格或超标。能够对化油器式车辆进行检测。能够诊断装有三元催化转换器的电喷车的电控系统、燃烧系统、催化转换系统的工作是否正常。能够检测汽车排放系统是否存在泄漏、破损。还能够检查包括燃烧情况、点火能量、进气效果、供油情况、机械情况等诸多发动机故障。

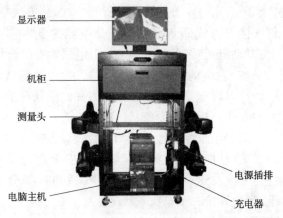

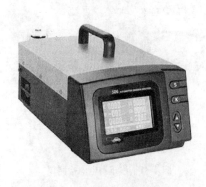

图4-37　四轮定位仪　　　　　　　图4-38　汽车尾气分析仪

（5）漆面测厚仪（图4-39）。对于新车而言，车身不同地方的漆面厚度的误差是有一定范围的，超过这个规定范围，就要考虑这辆车是否出过事故或者出现过其他问题了。汽车漆面厚度对不同型号的车有不同的要求，可参见《漆面质量标准》（QC/T 484—1999）对车辆漆面厚度的限制。

（6）万用表（图4-40）。可以检测电压与电阻，判断线路通路、短路与断路，也能够判断元器件或总成的好坏。

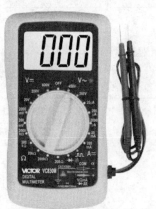

图4-39　汽车漆面测厚仪　　　　　　图4-40　汽车检测万用表

①电阻测量。将万用表开关转到电阻（Ω）挡后，即可测量电阻值。汽车上很多电气设备的技术状态可用检测其电阻值的方法来判断，如检查电气元件和线路的断路、短路等故障。

②直流电压测量。将开关转到直流电压（A/V）挡（选择合适的量程），将测试表笔接至被测两端。用测电压的方法可以检查电路上各点的电压（信号电压或电源电压）以及电气

部件上的电压降。

③温度检测。测试项目选择开关置于温度（Temp）挡，按下功能按钮（℃），将黑线搭铁，探针线插头端插入汽车万用表温度测量座孔，探针端接触被测物体，显示屏即显示被测温度。

④频宽比（占空比）测量。测试项目选择开关置于频宽比（Duty）挡，红线接电路信号，黑线搭铁，发动机运转，显示屏即显示脉冲信号的频宽比。

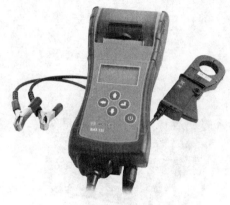

⑤分电器触点闭合角检测。测试项目选择开关置于闭合角（Dwell）挡，选择所测的缸数，黑线搭铁，红线接点火线圈负接线柱或分电器的低压接线柱上，发动机运转，显示屏即显示分电器触点闭合角。

（7）蓄电池测试仪（图4-41）。蓄电池测试仪是一种针对汽车蓄电池的工作能力和健康状况进行判断的专业分析检测设备。

对二手车综合性能检测项目及设备需要有所了解，综合性能检测主要在《机动车安全运行技术条件》（GB 7258—2017）的要求下，适当选择分级标准，量化评价二手车技术状况。

图4-41 汽车蓄电池检测仪

表4-2中所列检测设备昂贵，设备的操作与维护需要由专人进行，而二手车评估人员的任务在于评价出车辆的技术状况等级，并不是每个指标都需要精准测试。

二手车评估过程中采用仪器检查的测试指标范围、深度都要控制，要根据评估时间和评估成本统筹安排测试尺度。只需要准确地反映部件的真实技术状况即可，无需将所有技术和设备全部都掌握和购置。

机动车综合性能检测主要项目及技术标准　　　　表4-2

检测范围	检测项目	评定指标	检测设备
动力性能	驱动轮输出功率	额定转矩工况	底盘测功机
	发动机功率	额定功率工况	
	发动机功率	技术评定	发动机综合分析仪
		二级维护	
燃料经济性	燃料消耗量	等速百公里油耗	油耗仪/气耗仪
	整车质量		静态秤/轴荷仪
制动性能	制动距离和制动力	乘用车	制动试验台
		总质量≤3.5t货车	
		其他汽车	
	制动力平衡	前后轴制动力与该轴轴荷之比	
	车轮阻滞力		
	驻车制动力	总质量/整备质量≥1.2	
		总质量/整备质量<1.2	
	制动协调时间		

续上表

检测范围	检测项目	评定指标	检测设备
转向操纵性	转向轮横向侧滑量		侧滑试验台
	转向盘最大自由转动量	最大设计车速≥100km/h汽车	转向力角测试仪
	转向盘操纵力		
前照灯	远光束	发光强度	前照灯仪
		水平位置	
		中心高度	
	近光束	水平位置	
		中心高度	
排放污染物	汽油车怠速污染物排放	CO、HC 密度的规定范围	尾气分析仪
	汽油车双怠速污染物排放		
	柴油车排气可污染物	光吸收系数	烟度计
	柴油车排气自由加速烟度	烟度值	
噪声	喇叭声级	90~115dB(A)	声级计
整车装备	车速表显示误差	0%~+15%(34.8~40.0km/h)	车速表试验台
	离合器踏板自由行程	符合原厂设定值	
	车门与车窗(含玻璃)	无缺损	
	车架与车身	无锈迹、无掉漆	
	车身周正	车体左右最大高度差≤40mm	
	最大轴距差	与原厂设定值之比≤0.15%	直尺、卷尺等常规检测工具
	轮胎胎冠最小花纹深度	微型车辆≥1.6mm	
		轿车与挂车≥1.6mm	
		其他车辆转向轮≥3.2mm；非转向轮≥1.6mm	

第四节 汽车技术状况的评定与分级标准

一、检查项目评定

车辆静态、动态检查细目有很多，《二手车鉴定评估技术规范》中附录三已经列出了车辆技术状况鉴定缺陷描述科目及鉴定结果分值，具体检查内容列出在附录四中。

车辆技术状况检查细目以扣分制为基础，根据车型和车辆使用性质分别赋予各个细目不同的权重，一般以百分制为纲，其他未尽细目也可参照《道路运输车辆综合性能要求和检验方法》(GB 18565—2012)的条款与要求。

一些二手车市场在检查表中设定某些细目作为重要检测内容，赋予更高的权重。当有一项不合格时，即认为该系统整体性不合格，明确了重要性的同时也简化了工作流程。

(1) 事故车检查。根据表4-3所列情形描述车辆事故后的检查结果。当某个检查细目中任何一个缺陷明确后,则定义该车辆为事故车辆。

车体骨架检查细目　　　　　　　　　　　　　　　　表4-3

检查序号	检查内容	检查结果及描述
1	车体左右对称性	□变形　□扭曲　□更换　□烧焊　□褶皱
2	左A柱	□变形　□扭曲　□更换　□烧焊　□褶皱
3	左B柱	□变形　□扭曲　□更换　□烧焊　□褶皱
4	左C柱	□变形　□扭曲　□更换　□烧焊　□褶皱
5	右A柱	□变形　□扭曲　□更换　□烧焊　□褶皱
6	右B柱	□变形　□扭曲　□更换　□烧焊　□褶皱
7	右C柱	□变形　□扭曲　□更换　□烧焊　□褶皱
8	左前纵梁	□变形　□扭曲　□更换　□烧焊　□褶皱
9	右前纵梁	□变形　□扭曲　□更换　□烧焊　□褶皱
10	左前减振器悬架部位	□变形　□扭曲　□更换　□烧焊　□褶皱
11	右前减振器悬架部位	□变形　□扭曲　□更换　□烧焊　□褶皱
12	左后减振器悬架部位	□变形　□扭曲　□更换　□烧焊　□褶皱
13	右后减振器悬架部位	□变形　□扭曲　□更换　□烧焊　□褶皱
缺陷描述		
事故判定		□事故车　□正常车

(2)车身检查。参照图4-42所示,按照表4-4要求检查26个项目,程度为1的扣0.5分,每增加1个程度加扣0.5分。共20分,扣完为止。轮胎部分需高于程度4的标准,不符合标准扣1分。使用车辆外观缺陷测量工具与漆面厚度检测仪器结合目测法对车身外观进行检测。

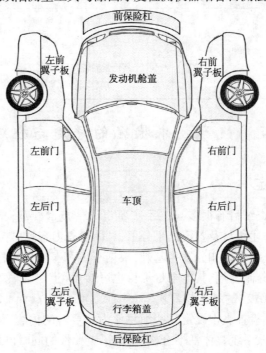

图4-42　车身外观展开图

车身检查细目　　　　　　　　　　　　　　　　　　　　　　　表 4-4

检查序号	车身检查	扣分	检查序号	车身检查	扣分
14	发动机舱盖表面		27	后保险杠	
15	左前翼子板		28	左前轮	
16	左后翼子板		29	左后轮	
17	右前翼子板		30	右前轮	
18	右后翼子板		31	右后轮	
19	左前车门		32	前照灯	
20	右前车门		33	后尾灯	
21	左后车门		34	前风窗玻璃	
22	右后车门		35	后风窗玻璃	
23	行李舱盖		36	四门风窗玻璃	
24	行李舱内侧		37	左后视镜	
25	车顶		38	右后视镜	
26	前保险杠		39	轮胎	
			合计扣分		

根据表 4-5 描述缺陷,车身外观项目的描述为:车身部位 + 状态 + 程度。

车身外观状态描述对应表　　　　　　　　　　　　　　　　　表 4-5

缺陷描述	缺陷程度	缺陷描述
划痕 HH 变形 BX 锈蚀 XS 裂纹 LW 凹陷 AX 修复痕迹 XF	1. 面积 ≤ (100×100)mm^2； 2. (100×100)mm^2 < 面积 ≤ (200×300)mm^2； 3. 面积 > (200×300)mm^2； 4. 轮胎花纹深度 < 1.6mm	比如:21XS2 对应描述为:左后车门有锈蚀,面积为大于 100mm×100mm,小于或等于 200mm×300mm

(3)发动机舱检查。按表 4-6 项要求检查 10 个项目。选择 A 不扣分,第 40 项选择 B 或 C 扣 15 分;第 41 项选择 B 或 C 扣 5 分;第 44 项选择 B 扣 2 分,选择 C 扣 4 分;其余各项选择 B 扣 1.5 分,选择 C 扣 3 分。共 20 分,扣完为止。

发动机舱检查细目　　　　　　　　　　　　　　　　　　　　表 4-6

检查序号	发动机舱检查	程度 A	程度 B	程度 C	扣分
40	机油有无冷却液混入	无	轻微	严重	
41	缸盖外是否有机油渗漏	无	轻微	严重	
42	前翼子板内缘、水箱框架、横拉梁有无凹凸或修复痕迹	无	轻微	严重	
43	散热器格栅有无破损	无	轻微	严重	
44	蓄电池电极桩柱有无腐蚀	无	轻微	严重	
45	蓄电池电解液有无渗漏、缺少	无	轻微	严重	
46	发动机皮带有无老化	无	轻微	严重	

续上表

检查序号	发动机舱检查	程度 A	程度 B	程度 C	扣分
47	油管、水管有无老化、裂痕	无	轻微	严重	
48	线束有无老化、破损	无	轻微	严重	
49	其他	只描述缺陷不扣分			
	合计扣分				

如检查第 40 项时发现机油有冷却液混入、检查第 41 项时发现缸盖外有机油渗漏，则应在《二手车鉴定评估报告》或《二手车技术状况表》的技术状况缺陷描述中分别注明，并提示修复前不宜使用。

(4) 驾驶舱检查。按表 4-7 要求检查 15 个项目。选择 A 不扣分，第 50 项选择 C 扣 1.5 分；第 51、52 项选择 C 扣 0.5 分；其余项目选择 C 扣 1 分。共 10 分，扣完为止。

驾驶舱检查细目　　　　　　　　表 4-7

检查序号	检查项目	A	C	扣分
50	车内是否无水泡痕迹	是	否	
51	车内后视镜、座椅是否完整、无破损、功能正常	是	否	
52	车内是否整洁、无异味	是	否	
53	转向盘自由行程转角是否小于 15°	是	否	
54	车顶及周边内饰是否无破损、松动及裂缝和污迹	是	否	
55	仪表台是否无划痕，配件是否无缺失	是	否	
56	变速器操纵手柄及护罩是否完好、无破损	是	否	
57	储物盒是否无裂痕，配件是否无缺失	是	否	
58	天窗是否移动灵活、关闭正常	是	否	
59	门窗密封条是否良好、无老化	是	否	
60	安全带结构是否完整、功能是否正常	是	否	
61	驻车制动系统是否灵活有效	是	否	
62	玻璃窗升降器、门窗工作是否正常	是	否	
63	左、右后视镜折叠装置工作是否正常	是	否	
64	其他	是	否	
	合计扣分			

如检查第 60 项时发现安全带结构不完整或者功能不正常，则应在《二手车鉴定评估报告》或《二手车技术状况鉴定书》的技术状况缺陷描述中注明，并提示修复或更换前不宜使用。

(5) 起动检查。按表 4-8 要求检查 10 个项目。选择 A 不扣分，第 65、66 项选择 C 扣 2 分；第 67 项选择 C 扣 1 分；第 68~71 项，选择 C 扣 0.5 分；第 72、73 项选择 C 扣 10 分。共 20 分，扣完为止。如检查第 66 项时发现仪表板指示灯异常或出现故障报警，应查明原因，在《二手车鉴定评估报告》或《二手车技术状况鉴定书》的技术状况缺陷描述中注明。优先选用车辆故障信息读取设备。

起动检查细目　　　　　　　　　　　　　　　　　　　　　　　表4-8

检查序号	检查项目	A	C	扣分
65	车辆起动是否顺畅(时间少于5s,或一次起动)	是	否	
66	仪表板指示灯显示是否正常,无故障报警	是	否	
67	各类灯光和调节功能是否正常	是	否	
68	泊车辅助系统工作是否正常	是	否	
69	制动防抱死系统(ABS)工作是否正常	是	否	
70	空调系统风量、方向调节、分区控制、自动控制、制冷是否正常	是	否	
71	发动机在冷、热车条件下怠速运转是否稳定	是	否	
72	怠速运转时发动机是否无异响,空挡状态下逐渐增加发动机转速,发动机声音过渡是否无异响	是	否	
73	车辆排气是否无异常	是	否	
74	其他	只描述缺陷,不扣分		
	合计扣分			

(6)路试检查。按表4-9要求检查10个项目。选择A不扣分,选择C扣2分。共15分,扣完为止。

路试检查细目　　　　　　　　　　　　　　　　　　　　　　　表4-9

检查序号	检查项目	A	C	扣分
75	发动机运转、加速是否正常	是	否	
76	车辆起动前踩下制动踏板,保持5~10s,踏板无向下移动的现象	是	否	
77	踩住制动踏板起动发动机,踏板是否向下移动	是	否	
78	行车制动系最大制动效能在踏板全行程的4/5以内达到	是	否	
79	行驶是否无跑偏	是	否	
80	制动系统工作是否正常有效、制动不跑偏	是	否	
81	变速器工作是否正常、无异响	是	否	
82	行驶过程中车辆底盘部位是否无异响	是	否	
83	行驶过程中车辆转向部位是否无异响	是	否	
84	其他	只描述缺陷,不扣分		
	合计扣分			

如检查第80项时发现制动系统出现制动距离长、跑偏等不正常现象,则应在《二手车鉴定评估报告》或《二手车技术状况表》的技术缺陷描述中注明,并提示修复前不宜使用。

(7)底盘检查。按表4-10要求检查8个项目。选择A不扣分,第85、86项,选择C扣4分;第87、88项,选择C扣3分;第89、90、91项,选择C扣2分。共计15分,扣完为止。

底盘检查细目　　　　　　　　　　　　　　表4-10

检查序号	检查项目	A	C	扣　分
85	发动机油底壳是否无渗漏	是	否	
86	变速器体是否无渗漏	是	否	
87	转向节臂球销是否无松动	是	否	
88	三角臂球销是否无松动	是	否	
89	传动轴十字轴是否无松旷	是	否	
90	减振器是否无渗漏	是	否	
91	减振弹簧是否无损坏	是	否	
92	其他			
	合计扣分			

(8) 对表4-11所示部件功能进行检查。结构、功能坏损的,直接进行缺陷描述,不计分。

功能性部件检查细目　　　　　　　　　　　　表4-11

检查序号	功能性部件	缺陷描述	检查序号	功能性部件	缺陷描述
93	发动机舱盖锁止		104	中央集控	
94	发动机舱盖液压撑杆		105	备胎	
95	行李舱液压支撑杆		106	千斤顶	
96	各车门锁止		107	轮胎扳手及随车工具	
97	前后雨刮器		108	三角警示牌	
98	立柱密封条		109	灭火器	
99	排气管及消音器		110	全套钥匙	
100	车轮轮毂		111	遥控器及功能	
101	车内后视镜		112	喇叭高低音色	
102	座椅调节及加热		113	玻璃加热功能	
103	仪表板出风管道				

(9) 外观、驾驶舱照片。分别从车辆左前部与右后部45°拍摄外观图片各1张。拍摄外观破损部位带标尺的正面图片1张;分别拍摄仪表台操纵杆、前排座椅、后排座椅正面图片各1张,拍摄破损部位带标尺的正面图片1张;拍摄发动机舱图片1张。

二、技术状况分级标准

按照车身、发动机舱、驾驶舱、起动、路试、底盘等项目顺序检查车辆技术状况。根据检查结果确定车辆技术状况的分值,总分值为各个鉴定项目分值累加,即鉴定总分 = ∑项目分值,满分100分。根据鉴定分值,按照下述分值等级鉴定车辆对应的技术等级。

一级,鉴定总分≥90分;二级,60分≤鉴定总分<90分;三级,20分≤鉴定总分<60分;四级,鉴定总分<20分;五级,事故车。

第五章 二手车鉴定评估报告的撰写

第一节 作用与类型

二手车鉴定评估报告的撰写时机是在车辆价值评估和车辆技术状况鉴定之后,由鉴定评估机构或人员撰写,主要记录和叙述委托方信息、评估基准日、车辆信息、技术鉴定结果、价值评估结果、特别事项与法律效力说明等内容,附含《二手车技术状况鉴定作业表》(表2-1)、《二手车鉴定评估委托书》(表2-4)、车辆行驶证和机动车登记证书复印件,以及能够清晰地、有效地辨识车辆状况的照片。

二手车鉴定评估报告的评估水平高低,与评估方法的科学性、技术鉴定的公平性、评估结论的科学性有关,甚至一定程度上还与评估人员的文字表述能力和报告特别事项内容等因素有关。所以,撰写时首先要保证评估时的合法性、公平性、客观性、独立性等工作原则。

二手车鉴定评估报告是卖方(或是法院、检察院等)了解车辆真实情况的有效保证,具有一定的重要性。它不仅是一份工作总结,而且是承载着法律效力的资产评估公正性文件。它的用途在于:

(1)作为买方支付费用的合理依据。
(2)作为鉴定评估双方认可的有效文件。
(3)作为参照车辆,为其他鉴定评估提供现行市价的评估基础。
(4)作为谈判底价或竞标、抵押贷款和投资出资参考依据。
(5)作为国有资产审计、会计记账与调整的证明材料。
(6)作为财产纠纷时法院判决的举证材料。
(7)作为体现鉴定评估成果的总结性材料和评估质量反映材料。

撰写二手车鉴定评估报告时,可以按照固定的格式行文,从而批量处理二手车评估工作;也可以针对二手车的特点进行专题性报告的撰写。通常来说,批次少的进口车辆、昂贵的或定制的高档车辆等个案,采用专题性报告撰写方式,而批量大的企业车辆、单批次量小、市场保有量丰富的车辆,采用固定的行文格式,可以根据车辆的情况、委托人的要求、市场的状况等评估环境,灵活地把握撰写方式。

专题性的报告可以对车辆某些重要的特殊部件有更深层次的把握,但可能会忽略一般性的评估事项,难以面面俱到;固定行文格式的报告侧重于常见评估车辆的主要叙述架构,具备了省时省力的特点,有时却难以顾及和尽述车辆的某些特殊事项。但是,无论评估报告的写作形式如何,其内容均应客观公正。一些评估机构的书面报告上只体现了评估结果,当买方提出异议和具体评估细节时,其解释材料应以报告附件的形式提供,并建议在评估委托书中写明,以免产生服务纠纷。

根据车辆技术状况鉴定等级和价值评估结果等情况,撰写《二手车鉴定评估报告》,做到内容完整、客观、准确,书写工整。按照委托书要求,及时向客户出具《二手车鉴定评估报告》,并由鉴定评估人与复核人签章、鉴定评估机构加盖公章。

第二节 鉴定评估报告的格式

根据2014年发布的《二手车鉴定评估技术规范》,二手车鉴定评估报告的范本如下:

二手车鉴定评估报告(示范文本)

　　××××鉴定评估机构评报字(20××年)第××号

一、绪言

　　_____(鉴定评估机构)接受_____的委托,根据国家有关评估及《二手车流通管理办法》和《二手车鉴定评估技术规范》的规定,本着客观、独立、公正、科学的原则,按照公认的评估方法,对牌号为_____的车辆进行了鉴定。本机构鉴定评估人员按照必要的程序,对委托鉴定评估的车辆进行了实地查勘与市场调查,并对其在_____年_____月_____日所表现的市场价值作出了公允反映。现将该车辆鉴定评估结果报告如下:

二、委托方信息

委托方:_____ 委托方联系人:_____
联系电话:_____ 车主姓名/名称:(填写机动车登记证书所示的名称)

三、鉴定评估基准日　　____年____月____日

四、鉴定评估车辆信息

厂牌型号:_____ 牌照号码:_____
发动机号:_____ 车辆VIN码:_____
车身颜色:_____ 表征里程:_____ 初次登记日期:_____
年审检验合格至:____年____月　　交强险截止日期:____年____月
车船税截止日期:____年____月
是否查封、抵押车辆:□是　□否　　车辆购置税(费)证:□有　□无
机动车登记证书:　□有　□无　　机动车行驶证:　□有　□无
未接受处理的交通违法记录:□有　□无
使用性质:□公务用车　□家庭用车　□营业性用车　□出租车　□其他:____

五、技术鉴定结果

技术状况缺陷描述:_____
重要配置及参数信息:_____
技术状况鉴定等级:_____ 等级描述:_____

六、价值评估

价值估算方法:□现行市价法　□重置成本法　□其他_____
价值估算结果:车辆鉴定评估价值为人民币_____元,金额大写:_____

七、特别事项说明[1]

八、鉴定评估报告法律效力

本鉴定评估结果可以作为作价参考依据。本项鉴定评估结论有效期为90天,自鉴定评估基准日至_____年_____月_____日止。

九、声明

(1)本鉴定评估机构对该鉴定评估报告承担法律责任;
(2)本报告所提供的车辆评估价值为评估基准日的价值;
(3)该鉴定评估报告的使用权归委托方所有,其鉴定评估结论仅供委托方为本项目鉴定评估目的使用和送交二手车鉴定评估主管机关审查使用,不适用于其他目的,否则本鉴定评估机构不承担相应法律责任;因使用本报告不当而产生的任何后果与签署本报告书的鉴定评估人员无关;
(4)本鉴定评估机构承诺,未经委托方许可,不将本报告的内容向他人提供或公开,否则本鉴定评估机构将承担相应法律责任。

附件

一、二手车鉴定评估委托书
二、二手车技术状况鉴定作业表
三、车辆行驶证、机动车登记证书证复印件
四、被鉴定评估二手车照片(要求外观清晰,车辆牌照能够辨认)

二手车鉴定评估师(签字、盖章)　　　　　　　　复核人[2](签字、盖章)
　　年　　月　　日　　　　　　　　　　(二手车鉴定评估机构盖章)
　　　　　　　　　　　　　　　　　　　　　年　　月　　日

[1]特别事项是指在已确定鉴定评估结果的前提下,鉴定评估人员认为需要说明在鉴定过程中已发现可能影响鉴定评估结论,但非鉴定评估人员执业水平和能力所能鉴定评定估算的有关事项以及其他问题。
[2]复核人是指具有高级二手车鉴定评估师资格的人员。
备注:1.本报告书和作业表一式三份,委托方二份,受托方一份;
　　　2.鉴定评估基准日即为《二手车鉴定评估委托书》签订的日期。

第三节　撰写方法

(1)封面。二手车鉴定评估报告的封面应包含以下内容:报告名称、鉴定机构出具鉴定评估报告的编号、鉴定评估机构全称、鉴定评估报告提交日期。有服务商标的,评估机构可以在报告封面左上角载明其图形标志。

（2）首部。标题应简练清晰；报告书序号应符合公文的撰写要求，即含有评估机构特征字、公文种类特征字（如评报、评咨、评函，评估报告正式报告采用"评报"，评估报告预报告采用"评预报"）、年份、文件自编号，格式如"××××鉴定评估机构评报字（20××年）第××号"字样。

（3）绪言。写明实施评估的鉴定机构全称、鉴定评估委托方全称、声明所使用的评估标准和原则、被评估二手车的车辆牌照号、评估基准日。

"＿＿＿＿（鉴定评估机构）接受＿＿＿＿的委托，根据国家有关评估的法律法规及《二手车流通管理办法》和《二手车鉴定评估技术规范》的规定，本着客观、独立、公正、科学的原则，按照公认的评估方法，对牌号为＿＿＿＿的车辆进行了鉴定。本机构鉴定评估人员按照必要的程序，对委托鉴定评估的车辆进行了实地查勘与市场调查，并对其在＿＿＿＿年＿＿＿＿月＿＿＿＿日所表现的市场价值做出了公允反映。现将该车辆鉴定评估结果报告如下："

（4）委托方信息。此处填写委托方具体信息，包括委托方全称、委托方联系人、联系方式、填写机动车登记证所示的车主姓名。

（5）评估基准日。填写评估基准日的具体日期，精确到日。

（6）被评估二手车信息。填写车辆厂牌及型号、车辆牌照号、发动机型号、VIN码、车身颜色，读取车辆仪表盘上里程表上的累积行驶里程，填写初次登记日期、年审检验合格期限（精确到月）、交强险期限（精确到月）、车船税期限（精确到月）。

声明车辆是否为查封、抵押车辆，是否能够提供车辆购置税证、机动车登记证书、车辆行驶证，是否有未接受处理的交通违法记录（如有，待车主处理完后再进行评估），声明车辆的使用性质。

（7）技术鉴定结果。按照二手车技术鉴定评估报告的规定，对技术状况缺陷进行客观描述、填写该车辆重要配置及其参数信息、填写车辆技术状况鉴定等级、对等级进行描述。

（8）评估价值。声明价值的评估方法、评估价值结果（标明大写）。

（9）特别事项说明。在已确定鉴定评估结果的前提下，鉴定评估人员认为需要说明在鉴定过程中已发现的，且可能影响到鉴定评估结论的问题，但这些问题在鉴定评估人员执业水平和能力之外的有关事项以及其他问题。

（10）法律效力。揭示评估报告的有效日期，特别是评估基准日的期后事项对评估结论的影响，以及评估报告的适用范围等。常见写法如下：

"本鉴定评估结果可以作为作价参考依据。本项鉴定评估结论有效期为90天，自鉴定评估基准日至＿＿＿＿年＿＿＿＿月＿＿＿＿日止。当评估目的在有效期内实现时，本评估结果可以作为价值参考依据。超过90天，需要重新评估。另外，在评估有效期内，若被评估车辆的市场价格因市场情况较大变动，或者交通事故等原因导致车辆的价值发生较大变化，则对车辆评估结果产生明显影响时，委托方也需重新委托评估机构重新评估。"

鉴定评估报告的使用权归委托方所有，评估结论仅供委托方为本项目评估目的使用，以及送交二手车鉴定评估主管机关审查使用，不适用于其他目的；因使用本报告不当而造成的任何后果，与签署本报告的鉴定评估人员无关；未经委托方许可，本评估报告（或评估结果）不可向他人提供或公开。

（11）附件。包括《二手车鉴定评估委托书》《二手车鉴定评估作业表》、机动车行驶证复印件、机动车登记证书复印件、车辆购置税完税证明复印件、二手车鉴定估价师资格证复印件、鉴定评估机构营业执照复印件、鉴定评估机构资质复印件、二手车照片等。

(12)尾部。填写、出具评估报告的评估机构名称并盖章;写明评估机构的法定代表人姓名并签署,在指定位置由二手车鉴定评估人员签名并盖章,由鉴定评估机构审核签章并填写报告日期。

第四节 评估案例

二手中型、重型载货汽车鉴定评估报告

 __山东××评估拍卖有限公司__ 鉴定评估机构评报字(2018 年 3 月 16 日)第 43 号

一、绪言

 __山东××评估拍卖有限公司__(鉴定评估机构)接受 __山东××货物运输有限公司__ 的委托,根据国家有关评估及《中华人民共和国资产评估法》《二手车流通管理办法》《二手中型、重型载货车鉴定评估技术规范》的规定,本着客观、独立、公正、科学的原则,按照公认的评估方法,对牌号为 __鲁A×××××__ 的车辆进行了鉴定。本机构鉴定评估人员按照必要的程序,对委托鉴定评估的车辆进行了实地查勘与市场调查,并对其在 __2018__ 年 __3__ 月 __16__ 日所表现的市场价值做出了公允反映。

二、委托方信息

委托方: __山东××货物运输有限公司__   委托方联系人: __张××__
联系电话: __0531-××××××××__   车主姓名/名称: __刘××__

三、鉴定评估基准日   __2018__ 年 __3__ 月 __16__ 日

四、鉴定评估车辆信息

厂牌型号: __一汽解放 J6P__   牌照号码: __鲁A×××××__
发动机号: __5252926×__   车辆 VIN 码: __HFWSRXRJ6E1F303××__
车身颜色: __红色__   表征里程: __373927__ km 推定里程: __380000__ km
初次登记日期: __2015__ 年 __3__ 月 年审检验合格至: __2018__ 年 __3__ 月
交强险截止日期: __2018__ 年 __3__ 月 车船税截止日期: __2018__ 年 __3__ 月
是否查封、抵押车辆:□是 ☑否   车辆购置税(费)证:☑有 □无
机动车登记证书:☑有 □无   机动车行驶证:☑有 □无
未接受处理的交通违法记录:□有 ☑无
使用性质:□公务用车 □家庭用车 ☑营业性用车 □出租车 □其他:_____

五、技术鉴定结果

 技术状况缺陷描述: __驾驶室漆面存在小面积损伤,但无明显碰撞现象;有随车工具,音响 CD 无法使用;副驾驶座椅调控时而顿挫。__

重要配置及参数信息：　解放牌 CA4250P66K24T1A；发动机型号 CA6DM2-42E4；环保等级国四；原始价格 350000 元；重型半挂牵引车；累积行驶里程 373927km。

技术状况鉴定等级：　优　等级描述：　成新率 90%。

六、价值评估

价值估算方法：□现行市价法　☑重置成本法　□其他　　　　。

价值估算结果：车辆评估价值为人民币　178290　元，金额大写：　壹拾柒万捌仟贰佰玖拾元整。

七、特别事项说明[1]

无。

八、鉴定评估报告法律效力

本鉴定评估结果可以作为作价参考依据。本项鉴定评估结论有效期为 30 天，自鉴定评估基准日至　2018　年　4　月　14　日止。

九、声明

（1）本鉴定评估机构对该鉴定评估报告承担法律责任；

（2）本报告所提供的车辆评估价值为评估基准日的价值；

（3）该鉴定评估报告的使用权归委托方所有，其鉴定评估结论仅供委托方为本项目鉴定评估目的使用和送交二手车鉴定评估主管机关审查使用，不适用于其他目的，否则本鉴定评估机构不承担相应法律责任；因使用本报告不当而产生的任何后果与签署本报告书的鉴定评估人员无关；

（4）本鉴定评估机构承诺，未经委托方许可，不将本报告的内容向他人提供或公开，否则本鉴定评估机构将承担相应法律责任。

附件

一、二手中型、重型载货车鉴定评估委托书
二、二手中型、重型载货车技术状况表
三、车辆行驶证、机动车登记证书证复印件
四、被鉴定评估二手中型、重型载货车照片

二手车鉴定评估师（签字、盖章）　牛××　　　　复核人[2]（签字、盖章）　原××
　　　　　　　2018 年 3 月 16 日　　　　　　　　　　　（二手车鉴定评估机构盖章）
　　　　　　　　　　　　　　　　　　　　　　　　　　　2018 年 3 月 16 日

[1]特别事项是指在已确定鉴定评估结果的前提下，鉴定评估人员认为需要说明在鉴定过程中已发现可能影响鉴定评估结论，但非鉴定评估人员执业水平和能力所能鉴定评定估算的有关事项以及其他问题。

[2]复核人是指具有高级二手车鉴定评估师资格的人员。

备注：1. 本报告书和作业表一式三份，委托方二份，受托方一份；

　　　2. 鉴定评估基准日即为《二手车鉴定评估委托书》签订的日期。

附件一:

二手中型、重型载货车鉴定评估委托书

委托书编号: 201800043

委托方	受托方

委托方名称(姓名):山东××货物运输有限公司　　鉴定评估机构名称:山东××评估拍卖有限公司

统一信用代码(身份证):××××××××××××××××××　　统一信用代码:××××××××××

委托方地址:山东省济南市××路××号　　鉴定评估机构地址:山东省济南市××路××号

联系人:张××　　　　　　　　　　　　　　联系人:原××

电话:0531-××××××　　　　　　　　　电话:0531-××××××

因□交易　□典当　□拍卖　□置换　☑抵押　□担保　□咨询　□司法裁决　□其他__抵押__的需要,委托人与受托人达成委托关系,车牌号码为__鲁A×××××__,车辆识别代码(VIN码)为__HFWSRXRJ6E1F303××__的车辆进行技术状况鉴定,并出具评估报告书,计划于2018年3月16日前完成。

委托评估车辆基本信息

	品牌型号	解放牌 CA4250P66K24T1A	车辆类型	重型半挂牵引车
	发动机型号	CA6DM2-42E4	环保等级	国四
车辆情况	注册登记日期	2015年3月27日	车身颜色	红色
	已使用年限	3年0月	累积行驶里程	373927km
	维修情况	发动机/底盘整车大修__0__次,中修__0__次		
	事故情况	无事故发生过		
	车辆配置(含上装)	无上装		
价值反映	购置日期	2015年3月27日	原始价格	350000元
	备注	无		

委托方(签字、盖章):　　　　　　　　　受托方(签字、盖章):

2018年3月16日　　　　　　　　　　　　 2018年3月16日

注1:委托方保证所提供的资料客观真实,并负法律责任;

注2:仅对车辆进行鉴定评估;

注3:评估依据《中华人民共和国资产评估法》、《机动车运行安全技术条件》(GB 7258—2017)、《二手商用车鉴定评估技术规范(中型、重型、载货车版)》(T/CADA5011—2016)等;

注4:评估结论仅对本次委托有效,不可用作其他用途;

注5:鉴定评估人员与有关当事人没有利害关系;

注6:委托方如对评估结论有异议,可于收到《二手中型、重型载货车鉴定评估报告》之日起10日内向受托方提出,受托方应予以理解,并由双方协调解决。

附件二：

二手中型、重型载货车技术状况表

鉴定日期：__2018__ 年 _3_ 月 _16_ 日

	品牌与型号	解放牌 CA4250P66K24T1A	牌照号码	鲁 A ×××××
	发动机号	5252926×	VIN 码	HFWSRXRJ6E1F303××
车辆基本信息	注册登记日期	2015 年 3 月 27 日	车身颜色	红色
	表征里程	373926km	推定里程	38 万 km
	行驶证年检	☑有（至 2018 年 3 月） □无	购置税证	☑有 □无
	交强险	☑有（至 2018 年 3 月） □无	第三者责任险	☑有（至 2018 年 3 月） □无
	其他法定凭证、证书	☑新/旧车交易发票 ☑担保 ☑行驶证 ☑登记证书 ☑车船税 ☑道路营运证 ☑道路运输经营许可证 □其他 _____			

	车辆类型	重型半挂牵引车		驱动形式	6×4	
重要配置	发动机	品牌	锡柴	型号	CA6DM2-42E4	排量	11.05L
		功率	312kW	排放标准	国四	
	变速箱	品牌	一汽	型号规格	CA12TAX210M	形式	☑手动 □自动
	其他重要配置（含上装）	无				

估值方法	☑重置成本法 □现行市价法	累积使用年月	3 年 0 月	年限成新率	56.6%

	鉴定项目	满分值	评估等级	得分	缺陷描述
	骨架系数	1	良	90%	
缺陷描述	驾驶室外观与内饰	25	优	25	驾驶室漆面存在小面积损伤，但无明显碰撞
	发动机	20	优	20	工作正常，无缺陷
	底盘	20	优	20	工作正常，无缺陷
	起动与路试	35	优	35	工作正常，无缺陷
	上装	—	—	—	无

技术鉴定结果	综合评分值	100	技术状况等级	优	技术成新率	90%
实体性贬值描述	无				贬值金额	0 元
重置成本法评估公式	（更新重置成本－实体性贬值）×年限成新率×技术成新率×调整系数				参考价值	178290 元

评估师证号	评估师（签字）	评估机构编号	
1315020000305022	牛××		
审核评估师证号	高级评估师（签字）	评估机构（盖章）	
1228020408301244	原××		

声明：本"二手中型、重型载货车技术状况表"所体现的鉴定结果仅为鉴定日期当日被鉴定车辆的技术状况表现与描述，不排除日后该车辆具体交易时的市场价值发生变化的可能。本表中的评估师均是指本规范中定义的二手商用车鉴定评估师，评估机构是指二手商用车鉴定鉴定评估机构。

此"二手中型、重型载货车技术状况表"由商用车经销企业、拍卖企业、经纪企业使用，作为二手商用车交易合同的附件。车辆展卖期间，放置在驾驶室内前风窗玻璃下方，供消费者参阅。

附件三：

机动车登记证书、行驶证受隐私保护，不公开，样式参照第六章图6-7和图6-8。

附件四：

被鉴定评估二手中型、重型载货车照片

第五节　报告编写步骤

为了达到二手车鉴定评估报告思路清晰、文字简练准确、格式规范、有关的取证与调查数据资料翔实可靠的目标，评估机构应按以下步骤编制：

(1)评估资料的分类整理。主要整理被评估二手车的背景资料、技术鉴定状况的资料、可供参考的数据记录等。若评估项目复杂，需要由2个或2个以上评估人员合作才能完成，可以将评估资料分类整理。工作内容包括评估鉴定作业表的审核、评估依据的说明、评估文字资料的形成等过程。

(2)鉴定评估资料的分析讨论。资料整理工作完成后，召集参与评估工作的人员，对评估的情况和初步结论进行分析讨论，如果发现其中有提法不妥、计算错误、评估不合理等方面的问题，应该按要求进行必要的调整，若采用两种不同评估方法评估并得出不同结论的，需要在充分讨论的基础上得出正确的结论。

(3)撰写鉴定评估报告。评估报告负责人根据讨论后的修改意见，汇总编排资料，撰写评估报告，将二手车鉴定评估的基本结论和评估报告初稿与委托方交换意见，对报告中存在疏漏和错误之处再次修改。

(4)评估报告审核。由项目负责人校核,再由评估机构负责人签发。签发前,项目组均应签字盖章完毕。送交委托方签收,必须要有委托方接收的回执证明。

二手车鉴定评估报告编制时应该实事求是、保持一致性,提交报告应及时、齐全并对报告保密。依照鉴定评估结果,客观撰写报告,不能无中生有;报告内容前后一致,评估说明、作业表、鉴定工作底稿、格式,甚至数据内容前后也应该一致;按照约定的时间提交报告,并送交评估报告给委托方,得到收件回执;鉴定评估机构肩负对报告及其中的数据保密的任务。

第六节 报告底稿的管理

二手车鉴定评估报告的档案管理包括:归档制度、保管制度、保密制度、借阅档案制度。它属于专门业务文书,主要含两部分内容:

(1)二手车鉴定评估委托书。委托书是一种合同契约性文件,由委托方和受托方共同签字,委托书应如实地提供机动车登记证书、机动车行驶证、附加税完税证明、道路运输证(营业性车辆)等作为委托书的附件。

(2)二手车鉴定评估的调查资料。

①二手车鉴定评估的相关法律依据。

②被评估车辆的详细资料,附有清晰、有效的辨识照片,必要时提供汽车4S店或修理厂的维修维护记录清单。

③与二手车鉴定评估有关的证明材料,比如相关的参照车辆现行市价、价格指数、技术鉴定的说明等材料。

④委托人所从事的主要经济活动或委托事项的背景资料。

按照《二手车鉴定评估技术规范》的要求,鉴定评估机构应有专人负责管理归档二手车鉴定评估报告,形成完整的评估档案管理制度,建立健全档案保密和安全等事项的工作制度。将《二手车鉴定评估报告》及其附件与工作底稿独立汇编成册,存档备查。档案保存一般不低于5年;鉴定评估目的涉及财产纠纷的,其档案至少应当保存10年;法律法规另有规定的,从其规定。

第六章　二手车交易和运作

按照《二手车流通管理办法》和《二手车交易规范》的规定，二手车交易有直接交易、中介交易、二手车拍卖、二手车经营销售等交易模式。

第一节　常见二手车交易模式及流程

一、二手车直接交易

二手车直接交易是指二手车所有人不通过经销企业、拍卖企业和经纪企业将车辆直接出售给卖方的交易行为。二手车交易中如果车辆涉及国有资产，或者是车辆属于某些企业单位用车，需要通过评估定价；如果是个人之间的交易，交易价格可由买卖双方协商议价。

《二手车流通管理办法》规定："二手车直接交易应当在二手车交易市场进行"。因为，根据2005年《国家税务总局关于统一二手车销售发票样式问题的通知》规定："只有二手车交易市场、二手车销售企业、二手车拍卖公司才有资格开具二手车销售统一发票"。

二手车交易如果是通过二手车销售企业和二手车拍卖公司开发票完成的，企业除了按照规定缴纳增值税外，还应缴纳营业所得税，这笔费用应由买卖双方承担，费用较大；而且国家规定二手车销售企业和二手车拍卖公司只能为本企业交易车辆开具二手车销售统一发票，而不能为其他企业和个人代开发票；二手车交易市场能够进行二手车合法性检验，杜绝盗抢车、走私车、非法拼装车，以及证件不全的车辆上市交易，而且功能齐全，能够实现二手车技术鉴定评估、代购代销、拍卖、检测维修、售后维护、转籍、上牌、保险等业务，有一站式服务、快捷便利的特点。综上，二手车直接交易"应当在二手车交易市场进行"。

二手车直接交易流程，见图6-1。

二手车直接交易过程中，在买卖双方进入二手车交易市场前就应该谈妥交易意向。二手车技术鉴定评估是可选项目，如果买方认定二手车值得购买，且卖方提出的交易价格合理，此过程可以略去。根据《二手车流通管理办法》规定："交易二手车时，除属国有资产的二手车外，二手车鉴定评估应当本着买卖双方自愿的原则，不得强制执行，更不能以此为依据强制收取评估费"。随即验证卖方身份和车辆证件（车辆登记证书、行驶证），查验违法、违规车辆，签订二手车交易合同，缴纳二手车交易服务费，最后开具二手车销售统一发票。车辆的转籍应由买卖双方均持机动车行驶证，卖方持机动车登记证书和二手车销售统一发票（转移登记联）、买卖双方身份证明到原车籍所在的公安车辆管理所办理。

2006年3月我国商务部颁布了《二手车交易规范》，对二手车直接交易做出了规定：

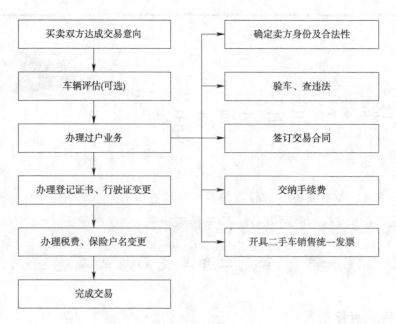

图6-1 二手车直接交易流程

(1)二手车直接交易方为自然人的,应具有完全民事行为能力。无民事行为能力的,应由其法定代理人代为办理,法定代理人应提供相关证明。二手车直接交易委托代理人办理的,应签订具有法律效力的授权委托书。

(2)二手车直接交易双方应签订买卖合同。如实填写有关内容,并承担相应的法律责任。

(3)二手车直接交易双方或其代理人均应向二手车交易市场经营者提供其合法身份证明,并将车辆及真实、合法、有效的车辆号牌、机动车登记证书、机动车行驶证、机动车安全技术检验合格标志等送交二手车交易市场经营者进行合法性验证。

(4)二手车直接交易的买方按照合同支付车款后,卖方应按合同约定及时将车辆及真实、合法、有效的车辆号牌、机动车登记证书、机动车行驶证、机动车安全技术检验合格标志等交付买方。车辆法定证明、凭证齐全合法并完成交易的,二手车交易市场经营者应当按照国家有关规定开具二手车销售统一发票,并如实填写成交价格。

二、二手车中介交易

二手车中介交易是指二手车买卖双方通过中介方的帮助,中介方收取约定服务费而实现交易的一种行为。

2006年3月我国商务部《二手车交易规范》中指出:"从事二手车经纪活动不得以二手车经纪人个人名义参与,而必须以有固定经营场所的二手车经纪机构进行;消费者购买或出售二手车可以委托二手车经纪机构(公司)办理,其完成的交易是一种委托交易。委托交易的最大特征是二手车经纪机构不拥有车辆的所有权,目的是替卖方提供服务。"

二手车中介交易有多种服务形式,包括代购、代销、买卖信息中介等。二手车寄卖(代销)是二手车车主把车辆信息托付给二手车中介机构,当有买家咨询时,中介机构为买方提供车辆信息;当买家购买时,二手车中介机构通知卖方办理车辆交易过户手续。这样可以省去卖方寻找客户的时间。

二手车拍卖会是在现场公开的环境下进行的,通常是处理政府机关、租赁公司等集团用户进行车辆更新换代的有效途径;而二手车网上拍卖的特点是竞价者不受地域限制,自由竞价,也可以扩大二手车交易范围,市场规模比现场拍卖会大一些,同时竞拍底价和成交价格也会相应低一些。

二手车拍卖方式及流程见图6-2。

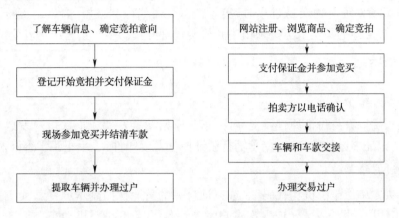

图6-2　二手车拍卖方式及流程

三、二手车经营销售

二手车经营销售是指二手车销售企业收购、销售二手车的经营活动。二手车销售企业在销售二手车之前,应对车辆进行检测,仅限向最终用户销售使用年限在3年以内(或6万km以内)的车辆,以先到者为准;还应向用户提供不少于3个月(或5000km)的质量保证,以先到者为准,建立二手车售后服务技术档案。

二手车销售企业能够直接给买方开具二手车销售统一发票,只要买卖双方达成交易意向,即可签订二手车交易合同。买方付清全部车款后,二手车销售企业就可以给买方开具二手车销售统一发票。

二手车经营销售流程见图6-3。

图6-3　二手车经营销售流程

第二节 交易过户业务

车辆的所有权转移过程包括两个方面:车辆交易过户、所有权转移登记过户。交易过户是指买方在二手车交易市场中办理的交易手续,继而获得二手车销售统一发票的过程。在二手车交易市场办理车辆交易过户时,实行经营公司代理制,过户窗口不直接对消费者办理,二手车直接交易的买卖双方必须由中介机构代理开具二手车销售统一发票。

一、过户资料

1. 个人过户给个人

应提供买卖双方身份证原件及复印件、车辆原始购置发票或上次过户发票原件及复印件、机动车登记证书原件及复印件、车辆行驶证原件及复印件、二手车买卖合同。

2. 个人过户给单位

应提供买方单位组织机构代码证(或三证合一的营业执照副本原件)、卖方身份证原件及复印件、车辆原始购置发票(或上次过户发票原件及复印件)、机动车登记证书原件及复印件、车辆行驶证原件及复印件、二手车买卖合同。

3. 单位过户给个人

应提供卖方单位组织机构代码证(或三证合一的营业执照副本原件)、买方身份证原件及复印件、车辆原始购置发票或上次过户发票原件及复印件、机动车登记证书原件及复印件、车辆行驶证原件及复印件、二手车买卖合同。

4. 单位过户给单位

应提供卖方和买方的单位组织机构代码证(或三证合一的营业执照副本原件)、车辆原始购置发票(或上次过户发票原件及复印件)、机动车登记证书原件及复印件、车辆行驶证原件及复印件、二手车买卖合同。

其中,身份证明可由以下资料代替:外地个人需携带身份证原件和暂住证原件;军人需携带军官证、士兵证;使馆人员需携带使馆签署的照会;外国人士需要携带护照、通行证,以及外交部核发的有效身份证件。

二、过户流程

交易双方将所需证件带齐后,到二手车交易市场过户大厅,领取1份《二手车买卖合同》,双方各自填写好对应内容,二手车交易价值由双方协商而定,带上所有资料就可以办理交易过户,流程见图6-4。

1. 确认卖方身份合法性

为了核定买卖双方所提供的所有证件是否合法有效,是否具备办理过户的条件,实行形式审查。该过程是办理交易过户的第一步,也能够起到保护买卖双方权益的作用。检查内容包括车主

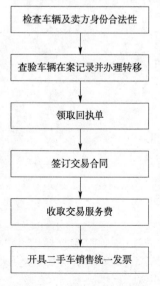

图6-4 二手车交易过户流程

身份证明、车辆来历证明、车辆验证、验税和保险缴付凭证。

2. 查验车辆和在案违法记录

主要查验车辆法定证件、核对车架号、发动机号。

车辆法定证件包括机动车登记证书、机动车行驶证、车辆号牌、机动车安全技术检验合格标志。这些证件必须真实、有效。机动车登记证书、行驶证与卖方身份所提供的身份证明须一致。

机动车安全技术检验由机动车安全技术检验机构按照国家机动车安全技术检验标准实施,对检验结果承担法律责任。

机动车检验合格标志如图6-5所示,机动车安全技术检验的规定见表6-1。

图6-5 机动车检验合格标志

机动车安全技术检验的规定　　　　　　　　　　　　　　　　　　表6-1

机动车类型		年检次数
营业性载客汽车	使用年限≤5年	1次
	使用年限>5年	2次(每6个月检验1次)
载货汽车 大型非营业性载客汽车 中型非营业性载客汽车	使用年限≤10年	1次
	使用年限>10年	2次(每6个月检验1次)
微型非营业性载客汽车 小型非营业性载客汽车	使用年限≤6年	0.5次(每2年检验1次)
	6年<使用年限≤15年	1次
	15年<使用年限≤20年	2次(每6个月检验1次)
	使用年限>20年	4次(每3个月检验1次)
摩托车	使用年限≤4年	0.5次(每2年检验1次)
	使用年限>4年	1次
拖拉机和其他机动车	—	1次

根据2009年《机动车环保检验合格标志管理规定》的规定,从在用机动车污染物排放标准的角度来看,经定期检验合格的机动车,核发机动车环保检验合格标志。从其规定,对装用点燃式发动机汽车达到国Ⅰ及以上标准的、装用压燃式发动机汽车达到国Ⅲ级以上标

准的,核发绿色环保检验合格标志;未达到上述标准的机动车,核发黄色环保检验合格标志,如图6-6所示。

图6-6　机动车环保检验合格标志

机动车环保检验合格标志的有效期分别为:

(1)5年以内的营业性载客汽车,有效期为1年;超过5年的,有效期为6个月。

(2)10年以内的载货汽车和大型、中型非营业性载客汽车,有效期为1年;超过10年的,有效期为6个月。

(3)6年以内的小型、微型非营业性载客汽车,有效期为2年;超过6年的,有效期为1年;超过15年的,有效期为6个月。

(4)摩托车、轻便摩托车、三轮汽车和低速货车有效期为1年。

贴有黄色环保检验合格标志的机动车称为黄标车,是高污染排放车辆的简称。各大城市均在加速淘汰黄标车,并对黄标车按照分时段、分区域允许行驶的限行办法。

机动车登记证书能够记录二手车交易前后车辆和车主的变更信息,确保交易双方和车辆管理部门了解车辆产权变更情况,见图6-7。

机动车出行,驾驶员必须携带机动车行驶证(图6-8),它也是二手车合法性的凭证之一,是二手车过户、转籍必不可少的证件。机动车行驶证上附有车辆厂牌、牌照、照片、型号、轴距等重要参数资料,查验时要确认机动车行驶证内容与实际车辆参数相符。

审查验税和提供保险缴付凭证的具体资料包括:车辆购置税、车船税、车辆保险单等缴付凭证。

车辆有在案违法记录的是不能交易的,通过各省(区、市)公安厅交通管理局的网站可以查询车辆违法、违章记录。输入车牌号、发动机号后6位即可查询车辆违章记录,见图6-9。

3. 交纳交易服务费

二手车交易服务费是指二手车交易市场中办理交易过户业务相关手续的服务费用,包括验车费、交易手续费、办理服务费等。该项费用一般由市场活动经营者收取,收取比例在合理范围内自行决定,并报送物价部门审核。交易服务费通常按照车辆的排量收取,一般为车辆交易费用的0.5%。

4. 开具二手车销售统一发票

二手车销售统一发票是二手车的来历证明,是办理转移登记手续变更的重要文件,该发票可以保证二手车在开票日期的1个月内,到车辆管理部门办理机动车行驶证、机动车登记证等相关手续的变更。值得注意的是,二手车销售统一发票中不包括过户手续费和评估费。

图6-7 机动车登记证书

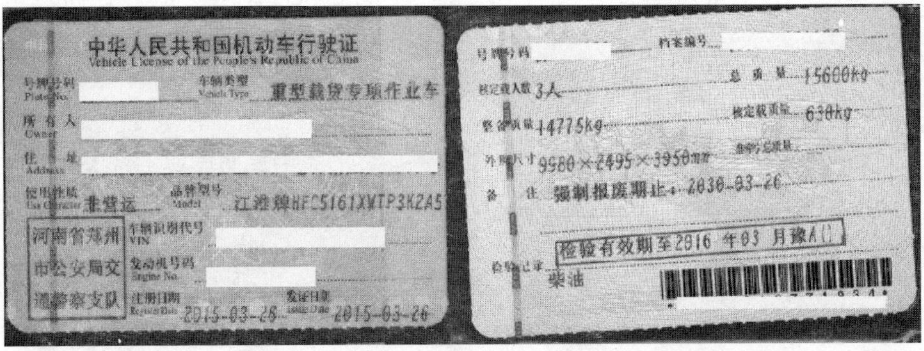

图6-8 机动车行驶证

图6-9 车辆违章记录查询系统

第三节 所有权转移登记

2018年3月,国务院政府工作报告提出:"将新能源汽车车辆购置税优惠政策再延长三年,全面取消二手车限迁政策"。

取消"二手车限迁"已成为行业内的主流趋势。2018年以来,太原、大同、大连、宜昌等多地已发文取消"二手车限迁"政策。取消"二手车限迁"的内在动力在于二手车的市场需求。目前,国内二手车车源主要集中在一、二线城市,"二手车限迁"现象依然存在,使车辆跨区域流通困难,需求更为旺盛的三线及以下城市和农村地区面临着购车渠道少、可选择性低的问题,抑制了消费者购车需求的释放。

北京、上海、天津、杭州等全国二手车车源较多的城市,通过互联网拍卖使二手车流向全国,该现象将会发生重大变化。目前,北京的二手车主要被卖到内蒙古、山东、山西、辽宁、新疆等地。一些车况较好、排放标准不高的二手车在排放要求高的地区没有销路,中小城市因可以为车辆落户,故当地车商愿意参与竞拍,避免了车辆提前报废,导致资源浪费,迁往外地的售价有时要比本地市场价格提升10%以上。

二手车的交易属于产权交易的范畴。根据我国《机动车登记规定》:"已注册登记的机动车所有权发生转移的,现机动车所有人应当于机动车交付之日起30日内提交相关资料到指定地点查验车辆,办理转移登记。"涉及的信息变更文件包括:《机动车登记证书》《机动车行驶证》、机动车号牌,这三者成为唯一证明车主所有权的法定文件。

在不远的将来,车辆转移登记将会变得简单。原本同城转移登记和异地转移登记的区分方法将不复存在,只需经过1次转移登记即可,不再需要车辆转出与转入的限制,转移登记方式与原本的同城转移登记方式类似,见图6-10。

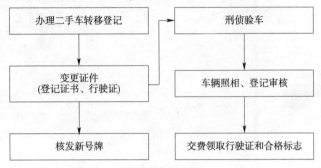

图6-10 转移登记方式

当机动车在同一城市内转移所有权时,车辆号牌可以不变更。刑侦检验车辆主要拓印机动车发动机号、车架号,入库查询并确认是否有凿改痕迹,查询车辆是否为盗抢车,从而防止非法车辆重新流入社会。

办理车辆转移登记需要携带以下资料和证件:机动车所有人的身份证明、机动车登记证书、机动车行驶证、机动车车架号和发动机号拓印膜、二手车销售统一发票(转移登记联)等。

第四节 二手车销售统一发票

一、税费征收办法

2005年7月,国家税务总局发布了《国家税务总局关于统一二手车销售发票式样问题的通知》,公告中规定:"只有二手车交易市场、二手车销售企业、二手车拍卖公司才有开票资格"。这说明二手车的直接交易过程中,卖车方不能给买车方开具二手车销售统一发票,所以,卖车方应到二手车交易市场开具正式增值税发票。该发票的存根联、记账联、入库联由开票方留存;发票联、转移登记联由购车方记账和交公安交管部门办理过户手续。购车方应持有的发票联和转移登记联,见图6-11和图6-12。

开具二手车销售统一发票时,开票方单独有自己的开票系统。值得注意的是,上述开具的发票与增值税普通发票和增值税专用发票的票样不同。

2016年5月,全国营业税改为增值税(营改增)后,国家税务总局推行了增值税发票管理新系统,原来没有纳入增值税发票管理系统开票的部分行业(如货物运输业),国家税务总局统一要求其通过增值税发票管理新系统开具增值税专用发票或增值税普通发票。

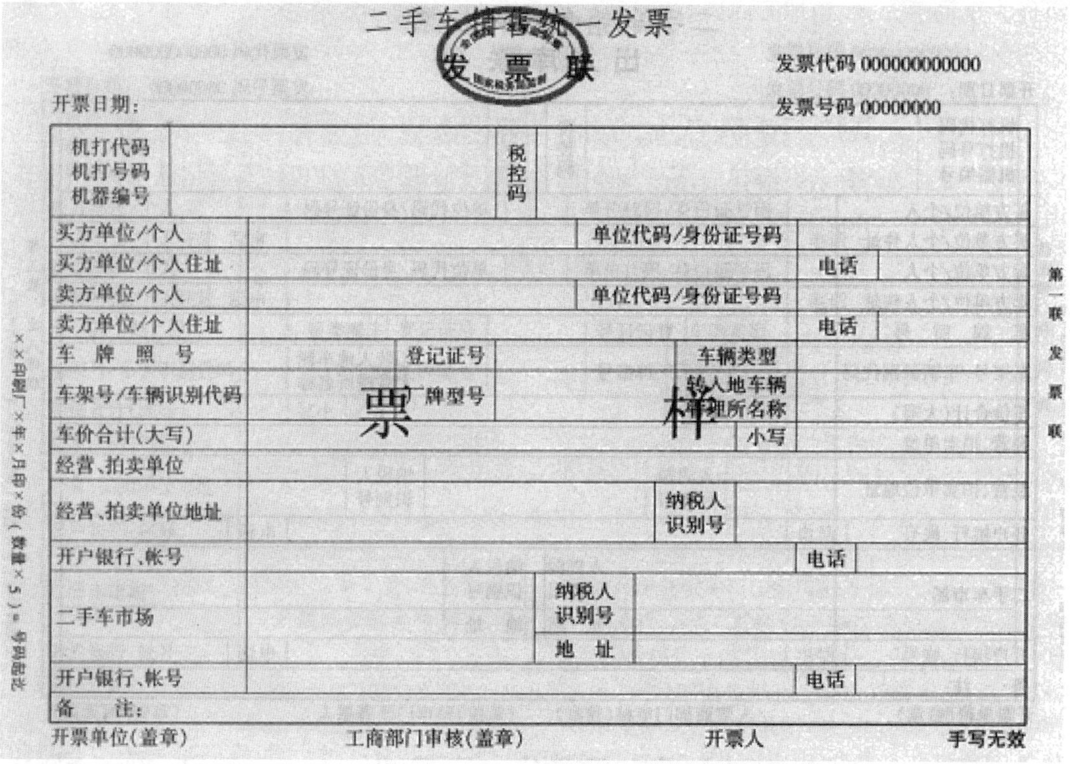
二手车销售统一发票

发票联

发票代码 000000000000

发票号码 00000000

开票日期：

机打代码 机打号码 机器编号		税控码			
买方单位/个人		单位代码/身份证号码			
买方单位/个人住址				电话	
卖方单位/个人		单位代码/身份证号码			
卖方单位/个人住址				电话	
车　牌　照　号		登记证号		车辆类型	
车架号/车辆识别代码		厂牌型号		转入地车辆管理所名称	
车价合计(大写)				小写	
经营、拍卖单位					
经营、拍卖单位地址				纳税人识别号	
开户银行、帐号				电话	
二手车市场		纳税人识别号			
		地　址			
开户银行、帐号				电话	
备　注：					

开票单位(盖章)　工商部门审核(盖章)　开票人　手写无效

票样

第一联　发票联

××印刷厂×年×月印×份（数量×5）×号码起讫

图 6-11　二手车交易发票联

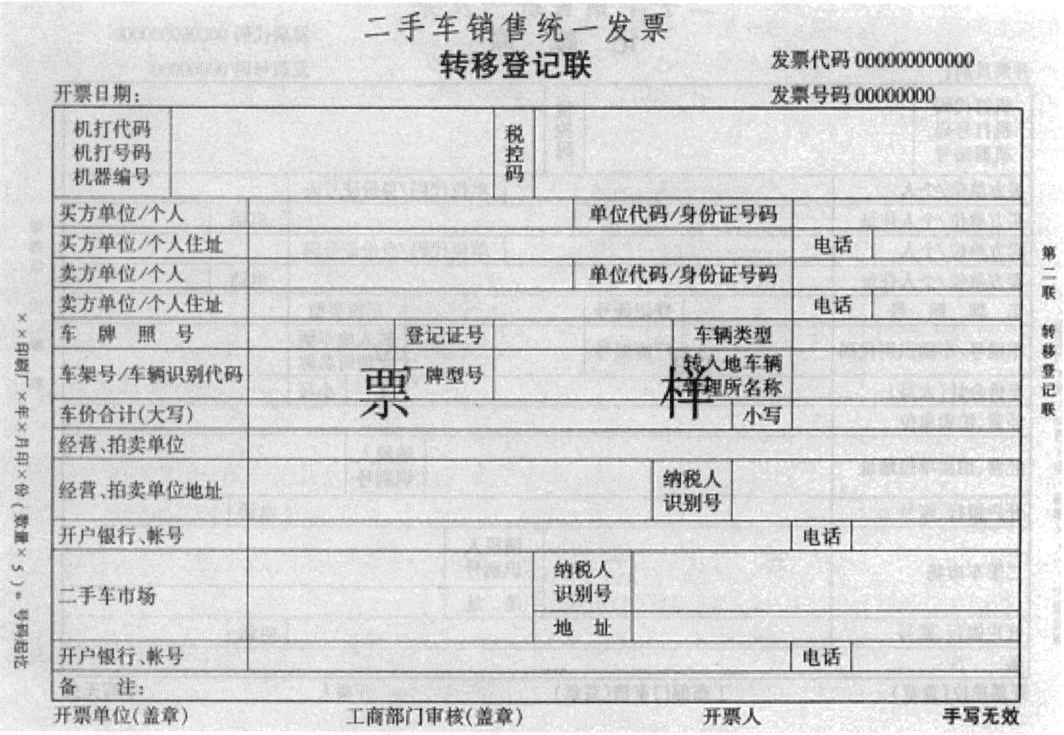
二手车销售统一发票

转移登记联

发票代码 000000000000

发票号码 00000000

开票日期：

机打代码 机打号码 机器编号		税控码			
买方单位/个人		单位代码/身份证号码			
买方单位/个人住址				电话	
卖方单位/个人		单位代码/身份证号码			
卖方单位/个人住址				电话	
车　牌　照　号		登记证号		车辆类型	
车架号/车辆识别代码		厂牌型号		转入地车辆管理所名称	
车价合计(大写)				小写	
经营、拍卖单位					
经营、拍卖单位地址				纳税人识别号	
开户银行、帐号				电话	
二手车市场		纳税人识别号			
		地　址			
开户银行、帐号				电话	
备　注：					

开票单位(盖章)　工商部门审核(盖章)　开票人　手写无效

票样

第二联　转移登记联

××印刷厂×年×月印×份（数量×5）×号码起讫

图 6-12　二手车转移登记联

2017 年 12 月，国家税务总局发布了《关于增值税发票管理若干事项的公告》，公告中对二手车销售统一发票开具作出了新的规定:"要求二手车销售统一发票与其他增值税发票一样,统一到增值税发票管理系统平台上开具,不再另设开票系统;由于机动车销售的特殊性,沿用二手车销售统一发票票样。"

通过增值税发票管理新系统开具的二手车销售统一发票与现行二手车销售统一发票票样保持一致。发票代码编码规则调整为:第1位为0,第2~5位代表省、自治区、直辖市和计划单列市,第6~7位代表年度,第8~10位代表批次,第11~12位为17。发票号码为8位,按年度、分批次编制。通过全国增值税发票查验平台可以查询发票真伪。

特别指出,二手车交易市场、二手车经销企业、经纪机构和拍卖企业在办理过户手续过程中收取的其他费用,如过户手续费和评估费,应当单独开具增值税普通发票(或专用发票)。二手车交易过程中技术服务类的增值税专用发票票样,见图6-13。

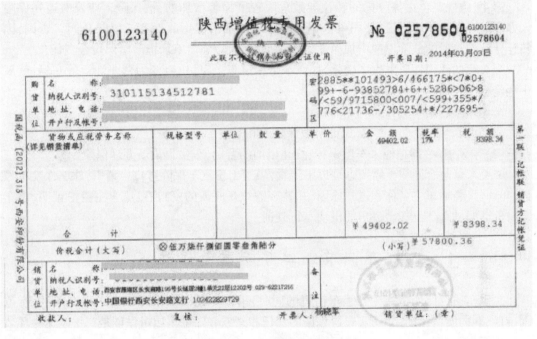

图6-13 二手车增值税发票联

2017年12月增值税发票新政策的出台,调整了二手车销售统一发票的管理系统,没有涉及二手车销售的增值税政策的变化,计税方式、税率(征收率)等依然适用之前的政策。2017年以前采用的二手车销售统一发票(过户发票)是由各地自行印发,开票软件也是各地自行研发,过户发票信息在全国范围内不能联网,难以查询,甚至发票样式也存在差异。新政策的出台将过户发票信息统一纳入了全国税务发票新系统,完全统一了发票样式,在全国范围内打通了二手车交易的税务信息,提高了车辆信息的透明度。

二、车辆购置税变更

二手车在变更车辆产权后,还应变更车辆购置税等注册信息。车辆购置税是指对在境内购置规定车辆的单位和个人征收的一种税。车辆购置税的征收部门是车辆登记注册地的主管税务机关,办理变更时,需要填写《车辆变动情况登记表》,并携带以下资料办理:

(1)同城过户办理。买方身份证明、二手车销售统一发票、机动车行驶证、车辆购置税完税证明。

(2)异地转籍办理。买方身份证明、二手车销售统一发票、机动车行驶证、车辆购置税完税证明、公安车管所提供的车辆转入/转出证明材料、档案转移通知书。

第五节　保险合同变更

《中华人民共和国保险法》第 34 条规定:"保险标的的转让应当通知保险人,经保险人同意继续承保后,依法变更合同。车辆所有权的转移并不意味着车辆保险合同的转移。通常保险利益会随着保险标的所有权的转让而消失,只有经保险公司批改后,保险合同方能重新生效。"所以,车辆过户后应到保险公司办理保险合同主体变更手续,否则,车辆受损时保险公司有权拒绝赔偿。

第 49 条规定:"因保险标的转让导致危险程度显著增加的,被保险人应及时通知保险人办理过户变更手续,保险公司可依据危险程度增加情况增收保费或解除合同。"否则,因转让导致保险标的危险程度增加而发生保险事故,保险公司不承担赔偿保险金责任。

当车辆的使用性质发生了变化,如原本是私家车,经过户后变为营业性运输车辆,就属于危险程度增加的一种情况。

车辆保险合同变更方式有 2 种:

(1)对保单要素进行更改,如更换被保险人和车主。

(2)申请退保,即把原来车险退掉,终止以前的合同,车主再重新办理保险业务。

二手车保险合同变更需要办理以下流程:填写 1 份汽车保险过户申请书,注明保险单号码、车牌号、新旧车主名称和过户原因,并签字盖章。所需的资料有:原车主身份证明、现车主身份证明、原保险单、已过户的机动车行驶证。

第六节　二手车质量保证

二手车质量保证是指在二手车销售的同时,销售商还应承诺对车辆进行有条件、有范围、有限期的质量保证,并切实履行承诺的责任和义务。二手车质量保证是二手车交易环节中的重要部分。

二手车质量保证也是有范围的,一般针对车架、电气系统、发动机变速器等核心部分,进行有效时间内和有效里程内的质量保证;对于一些易损部件不进行担保,比如轮胎、冷却系统、制动摩擦片等。此外,二手车质量保证条约和正式交易合同在签订时才一同生效,所以,二手车交易合同至关重要,质量保证也应写入二手车交易合同之中。

美国二手车质量保证的市场渗透率较高,其规定:二手车交易时必须提供 1 年、2.5 万 km 的质量保证,不提供质量保证的商家是不允许经营二手车交易业务的,没有质量保证的车辆也不允许上路。

二手车质量保证涉及 3 个层面内容:

(1)新车质量保证。车辆接近于新车,经二手车交易后,车辆生产厂家质量保证期限未到;

(2)经销商质量保证。二手车购车时销售商所必须提供的质量保证;

(3)二手车延长保修,即在提供质量保证下,车主追加费用延长质量保证。

通常延长质量保证是以 3 个月(或 6000km)和 1 年(或 3 万 km),以先到者为准,作为计量单位的延保方式。

根据商务部2006年3月发布的《二手车交易规范》中的规定:"二手车质量保证只对二手车经销企业要求,对直接交易、二手车经纪、拍卖、鉴定评估等中介交易形式没有要求。"二手车经销商向最终用户销售二手车时,应向用户提供不少于3个月(或5000km),以先到者为准的质量保证。

《二手车交易规范》还规定:"二手车经销企业向最终用户销售二手车应提供质量保证的前提是使用年限在3年(或行驶里程在6万km)以内的车辆,以先到者为准,营业性运输车辆除外。"说明了不是所有的二手车交易都要提供质量保证。二手车质量保证范围包括发动机系统、变速器系统、转向系统、制动系统、悬架系统等,可见,质保范围仅限于发动机和底盘2个系统总成。

若车辆正常使用情况下,在延保期限内发生了延保服务合同保障范围内的机械故障,由指定维修机构为车主提供维修或更换服务而产生的相关财务支出,由承保公司按合同约定向车主履行赔偿责任。如2年(6万km)、3年(10万km),以先到者为准。由于延长质量保证是非标准化产品,所以服务条款各有不同,由二手车经销商提供各式的延保服务合同和内容。

第七章 二手商用车价值评估

二手商用车是指从办理完毕注册登记手续之日起,至达到国家强制报废标准之前进行交易的商用车。

按照《机动车类型—术语和定义》(GA 802—2014)规定内容,中型、重型载货汽车是指车长大于或等于6000mm或者总质量大于或等于4500kg的载货汽车。具体包括:普通货车、厢式货车、仓栅式货车、封闭货车、罐式货车、平板货车、集装箱车、车辆运输车、特殊结构货车、自卸货车、半挂牵引车、全挂牵引车共12种结构分类。

第一节 二手商用车与乘用车市场的区别

一、二手商用车市场特点

2017年3月,中国汽车流通协会发布实施的《二手商用车鉴定评估技术规范(中型、重型载货汽车版)》(T/CADA 5011—2016)规定了二手中型、重型载货汽车鉴定评估的术语和定义、企业要求、作业流程和方法等技术要求。适用于二手商用车中从事二手中型、重型货车鉴定评估的活动,包括但不限于二手车交易评估、金融机构抵押评估及执法机关解决经济纠纷评估等经济活动。

据蜗牛货车统计,该平台2016上半年完成交易的车辆中,福田欧曼、一汽解放、东风、陕汽、重汽等品牌车辆的交易量处于明显优势:

(1)交易车型中以牵引车40%、载货汽车28%、自卸汽车20%居多,三项合计占总交易量的88%。

(2)交易车系中以欧曼ETX、解放J6、东风天龙、陕汽德龙、重汽豪沃为主。

(3)交易的车辆中发动机输出功率以390马力❶、330~340马力、420~440马力为主,分别占交易量的47%、31%、10%,合计占88%。

(4)交易的车辆中使用年限则较为均衡,使用3年的占18%、4年的占23%、5年的占21%、6年的占19%,合计占81%。

值得注意的是,使用1年或2年就交易的车辆占比甚少,货运车辆多以营业性车辆为主,未到"性价比"合适的车龄时,车主不会轻易交易车辆。

由图7-1可见,交易年份以车辆使用3~6年为主,合计占比81%,这与二手乘用车明显不同,乘用车主要为非营业性车辆,据中国汽车流通协会的统计,2017年交易的车辆使用年

---

❶ 1马力=735.499W。

份为3~6年的占比为43%。被交易的二手商用车车龄在3~6年的比重更加集中,体现了二手商用车的行业特点。

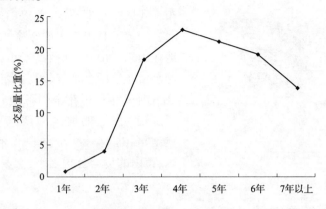

图 7-1 已使用年份分布情况

被交易的二手商用车累计行驶里程分布,见表7-1。

交易价格分布情况　　　　　　　　　　　　表7-1

行驶里程	10万~20万km	20万~30万km	30万km以上	其他
比重(%)	35.0	30.0	17.0	18.0

由表7-1可见,三项合计占总交易量比重的82%。二手商用车的累计行驶里程体现了车辆的使用强度,已使用10万~30万km的车辆更容易被交易。

被交易的二手商用车的交易价格分布,见表7-2。

交易价格分布情况　　　　　　　　　　　　表7-2

价格区间	10万元以下	10万~15万元	15万~20万元	20万~50万元	50万元以上
比重(%)	43.0	31.0	18.0	7.0	1.0

由表7-2可见,15万元以下的成交量合计占总交易量的74%,而根据交易车辆发动机输出功率的大小分布情况,有88%分布在330马力以上,这类车辆通常来说新车价格不会低于25万,如一汽解放奥威J5(4×2或6×2牵引车)新车售价超过25万,一般同车型功率越大,价格越高。

估算一下,发动机输出功率在330马力以上的车辆,使用3~6年后保值率最高为50%,其交易价格依据车辆累计行驶里程、车辆使用年份、品牌车辆保值率、发动机输出功率等因素综合而定。

这是与二手乘用车又一明显不同的特点,主流二手乘用车使用8年以内的保值率约为56%(如第三章内容),上汽大众帕萨特轿车2017年3~6年的保值率介于55%~60%。可见,二手乘用车的保值率平均高于二手商用车,影响因素众多,主要是因为市场保有量的影响。如果2018年内能全面解除"二手车限迁"政策的影响,二手乘用车平均保值率与二手商用车保值率的差异将进一步拉大。

也应该关注到,50万元以上车辆通常为进口车辆,在国内保有量小,进口商用货车如斯堪尼亚R系列、奔驰Actros系列、沃尔沃FH系列等主要用于快递、快运行业,承运货物品类价值高,而且要求车辆运行可靠性高。对高端二手牵引货车的关注也应提上日程,采用"梯次利用"的方式,如从快递、快运行业退下来的进口牵引车用于运输钢材、零担百货等,补充

图7-2 进口商用牵引车

二手商用货车交易范畴(图7-2)。

二手商用车交易量较大的省、区、市主要分布在我国中东部地区,尤以山东、江西、安徽、内蒙古居多。我国最大的2个二手商用车交易基地在山东梁山县、江西高安市,所以二手商用车交易量在这两个地点较高不足为奇,而安徽、内蒙古的车辆常年在全国各地行驶,特别是一些经济较为发达的地区,如珠三角、长三角、京津冀地区;也有一些个体户车辆挂靠在这些省、区、市内的货运公司名下,交易地点在货车保有量大的省、区、市自然也会较多。

二、二手商用车评估特点

商用车与乘用车在汽车评估范畴内最大的不同之处在于:商用车通常是营业性车辆,而乘用车绝大多数是非营业性车辆。营业性商用车辆的特点是车辆大型化、运行强度大、技术性能衰退快、行驶区域范围宽等,这也是商用车在使用同样年限的情况下,相对于乘用车保值率较低的重要原因。

受到商用车行驶区域范围宽、运行强度大等特点的影响,车辆难免配置一些适用于各种地形和气候条件的附件装置,如液力缓速器、副油箱、悬浮轴等,这类未将新车改动而添加新增设备的方式称为上装。在商用车辆静态、动态检查中,比乘用车检查多了一项例行检查:上装检查。

上装配件在商用车辆中广泛存在,也是车辆个性化标志之一。对于新增附件装置,在鉴定评估过程中有必要将其列入评估价值范畴,根据上装占车辆总价值比重确定上装评估的最高分值,再通过现场评估确定车辆的上装实际分值。这也是与乘用车的不同之处之一。

二手商用车的评估过程中,采用重置成本法中的更新重置成本扣除实体性贬值来计算;二手乘用车多采用现行市价法和重置成本法中综合系数调整法来计算,原因是乘用车市场保有量大,采用现行市价法可以更加准确地了解车型差异和车辆所处区域的差异。二手商用车由于使用条件、运行工况、维护等原因,加之上装、改装等因素的影响,商用车辆技术状况的层次更加复杂。所以,商用车辆价值评估的技术状况评分方法与乘用车的评分方法不同。

此外,二手商用车的同城(或异地)转籍常需准备道路运输证、道路运输经营许可证,也要办理这两个证书的转籍手续,相对于乘用车的办理程序更为复杂;二手商用车在评估的过程中,因车辆行驶区域范围宽、柴油机本身振动噪声大的特点,驾驶室及内饰的情况可能不会如乘用车的车况那样好,内饰部分区域开裂在可理解范围内是正常的。总体来看,对二手商用车驾驶室及内饰的静态检查评估不必过于注重细节。

第二节 二手商用车出口

我国近年对柴油车排放标准限制严格,国内已全面实施国Ⅴ排放标准,而北京、上海等级已在筹划国Ⅵ标准的实施。

二手商用车的发展机遇不仅在国内,东南亚、非洲、拉丁美洲、俄罗斯等国家对二手商用车的需求也会旺盛,这些国家的排放标准还停留在我国排放标准的国Ⅲ、国Ⅳ阶段,而且这些国家基础设施建设较为滞后,需要大量的商用车和工程机械来支撑建设和运输的发展。

与新式商用车、工程机械相似,国内二手商用车具备较强的海外优势,经济较为发达的省(区、市)的二手商用车车况较好,但由于此类地区排放限制也较为严格,导致售价不高,可以选择对汽车排放限制不高的欠发达国家和省(区、市),既提高了二手商用车的售价,也打开市场销量,对扩大我国对外贸易,提高消费福利产生积极影响,增大汽车零部件出口贸易总额,缓解国内汽车报废拆解场地需求和压力,加速新车更新换代,同时也会带动二手商用车售后服务行业的发展。

汽车是一种高技术集成产品,目前出口难的两大障碍是:二手商用车出口应获得车辆生产企业的授权,以及出口后的二手商用车售后。国家如果能开放出口限制,蜗牛货车等二手车电商可以凭借互联网优势推动二手车资源聚拢。以俄罗斯为例,2017年1~9月期间的二手车销售量为389.57万辆,2017年人口1.46亿,人口总数为我国的10.39%,但对二手车的交易量为我国2017年1~9月交易量的43.35%,其市场活跃程度可见一斑。值得注意的是,位于俄罗斯远东地区的符拉迪沃斯托克(海参崴)市人口为70万人,汽车保有量高达40万辆,有着很大的更新换代需求。我国机动车车龄变化趋势见图7-3。

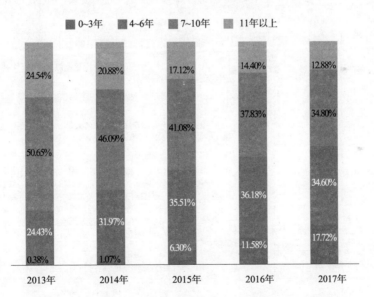

图7-3 近年我国汽车车龄变化趋势(数据来源:中国汽车技术研究中心)

由图7-3可见,2017年国内机动车车龄为4~10年的比重为69.4%,仍是车辆车龄的主要构成部分;车龄为3年以内的车辆从2013年的0.38%经4年时间增长到17.72%,这是近年机动车销量猛增且车龄较高的机动车保有量难以完全消化的结果,需要通过其他渠道打开销路,政府工作报告中提出取消"二手车限迁"政策将无疑是一剂促进二手车交易的良药。

以车辆用途为出发点,打造二手商用车在国内的梯次利用市场;以车辆销量为出发点,打开国外的销售市场,将会是二手商用车市场面临的机遇与挑战。

第三节 二手商用车鉴定评估程序

按照《二手商用车鉴定评估技术规范(中型、重型载货汽车版)》(T/CADA 5011—2016)内容,二手商用车鉴定评估机构开展鉴定评估经营活动,按图7-4所示流程作业,并参照表7-3签订《二手中型、重型载货车鉴定评估委托书》和表7-4填写《二手中型、重型载货车技术状况表》。二手车经营、拍卖、经纪等企业开展业务涉及二手商用车鉴定评估活动的,参照图7-4内容和顺序作业。

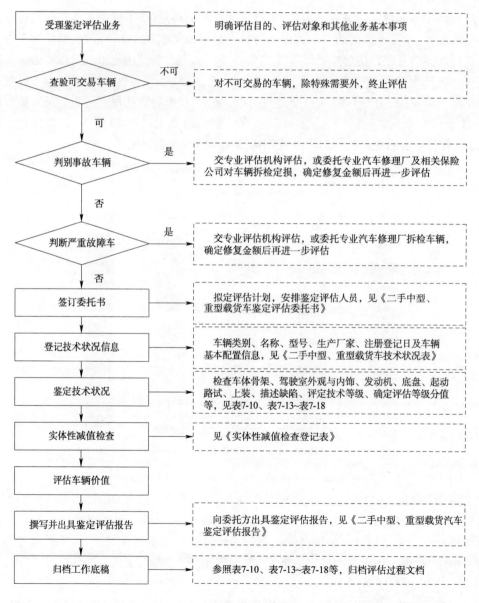

图7-4 二手商用车鉴定评估流程作业

二手中型、重型载货车鉴定评估委托书　　　　　　表 7-3

委托书编号：_____

委托方	受托方
委托方名称(姓名)：	鉴定评估机构名称：
统一信用代码(身份证)：	统一信用代码：
委托方地址：	鉴定评估机构地址：
联系人：	联系人：
电话：	电话：

因 □交易 □典当 □拍卖 □置换 □抵押 □担保 □咨询 □司法裁决 □其他__抵押__的需要，委托人与受托人达成委托关系，车牌号码为_____，车辆识别代码(VIN 码)为的车辆进行技术状况鉴定，并出具评估报告书，计划于 2018 年 3 月 16 日前完成。

委托评估车辆基本信息

车辆情况	品牌型号		车辆类型	
	发动机型号		环保等级	
	注册登记日期		车身颜色	
	已使用年限		累积行驶里程	
	维修情况			
	事故情况			
	车辆配置(含上装)			
价值反映	购置日期		原始价格	
	备注			

委托方(签字、盖章)：　　　　　　　　　　　受托方(签字、盖章)：
　　年　月　日　　　　　　　　　　　　　　　年　月　日

注 1：委托方保证所提供的资料客观真实，并负法律责任；
注 2：仅对车辆进行鉴定评估；
注 3：评估依据《中华人民共和国资产评估法》、《机动车运行安全技术条件》(GB 7258—2017)、《二手商用车鉴定评估技术规范(中型、重型、载货车版)》(T/CADA 5011—2016)等；
注 4：评估结论仅对本次委托有效，不可用作其他用途；
注 5：鉴定评估人员与有关当事人没有利害关系；
注 6：委托方如对评估结论有异议，可于收到《二手中型、重型载货车鉴定评估报告》之日起 10 日内向受托方提出，受托方应予以理解，并由双方协调解决。

二手中型、重型载货车技术状况表　　　　　　　表 7-4

鉴定日期：　　年　月　日

车辆基本信息	品牌与型号		牌照号码	
	发动机号		VIN 码	
	注册登记日期		车身颜色	
	表征里程		推定里程	
	行驶证年检	□有(至 2018 年 3 月) □无	购置税证	□有 □无
	交强险	□有(至 2018 年 3 月) □无	第三者责任险	□有(至 2018 年 3 月) □无
	其他法定凭证、证书	□新/旧车交易发票　□担保　□行驶证　□登记证书　□车船税　□道路营运证 □道路运输经营许可证　□其他_____		

续上表

重要配置	车辆类型			驱动形式			
	发动机	品牌		型号		排量	
		功率		排放标准		国四	
	变速器	品牌		型号规格		形式	□手动□自动
	其他重要配置(含上装)			无			
估值方法	□重置成本法 □现行市价法	累积使用年月				年限成新率	
缺陷描述	鉴定项目	满分值	评估等级	得分		缺陷描述	
	骨架系数	1					
	驾驶室外观与内饰	25					
	发动机	20					
	底盘	20					
	起动与路试	35					
	上装						
技术鉴定结果	综合评分值		技术状况等级			技术成新率	
实体性贬值描述		无				贬值金额	
重置成本法评估公式	(更新重置成本－实体性贬值)×年限成新率×技术成新率×调整系数					参考价值	
评估师证号		评估师(签字)		评估机构编号			
审核评估师证号		高级评估师(签字)		评估机构(盖章)			

声明:本"二手中型、重型载货车技术状况表"所体现的鉴定结果仅为鉴定日期当日被鉴定车辆的技术状况表现与描述,不排除日后该车辆具体交易时的市场价值发生变化的可能。

此"二手中型、重型载货车技术状况表"由商用车经销企业、拍卖企业、经纪企业使用,作为二手商用车交易合同的附件。车辆展卖期间,放置在驾驶室内前风挡玻璃下方,供消费者参阅。

第四节　二手商用车技术状况鉴定

一、查验可交易车辆

按照《二手商用车鉴定评估技术规范(中型、重型载货汽车版)》(T/CADA 5011—2016)的规定,查验机动车登记证书、行驶证、车辆技术档案、有效机动车安全技术检验合格标志、车辆购置税完税证明、机动车交通事故责任强制保险单等法定证明,凭证是否齐全,并按照表7-5检查所列项目是否全部判定为"否"。

可交易车辆判别表 表7-5

序 号	检 查 项 目	判	别
1	是否达到国家强制报废标准	是	否
2	发动机号与机动车登记证书登记号码是否不一致,且有凿改痕迹	是	否
3	车辆识别代号或车架号码与机动车登记证书登记号码是否不一致,且有凿改痕迹	是	否
4	未拥有合法、真实的车辆法定证明,并有涂改痕迹	是	否
5	是否法律法规禁止经营的车辆	是	否

如发现上述法定证明、凭证不全或表7-5检查项目任何一项判别为"是"的车辆,应告知委托方,终止进行技术鉴定和价值评估(司法机关委托等特殊要求的除外)。

判断事故车辆是二手商用车评估前的重要步骤,对车辆评估价值影响大。使用车辆结构尺寸检测工具或设备检测车体左右对称性,检测车体结构部件。

按照表7-6要求检查驾驶室和底盘的损伤情况,判别车辆是否发生过严重撞击、泡水、火烧的事故,且仍存在安全隐患。当表7-6中任何一个检查项目存在缺陷时(选择"是"),则该车即视作存在安全隐患,判别为事故车。事故车应交专业评估机构进行评估,综合评估机构可以委托专业汽车修理厂及相关保险公司对车辆拆检定损,确定修复金额后再进一步评估。

事故车辆判断表 表7-6

序 号	检 查 项 目	判	别
1	驾驶室是否存在严重开裂、变形、驾驶室加强梁没有受损	是	否
2	发动机、变速器是否没有移位、破损	是	否
3	车体是否存在倾斜现象	是	否
4	车桥是否存在移位现象	是	否
5	车架是否存在开裂或变形	是	否
6	存在其他事故表征	是	否

当表7-7中任何一个检查项目存在缺陷时(选择"是"),则该车即视作严重故障车。严重故障车应交专业评估机构进行评估,综合评估机构也可以委托专业汽车修理厂对严重故障车辆拆检,确定修复金额后再进一步进行评估。

严重事故车辆判断表 表7-7

序 号	检 查 项 目	判	别
1	驾驶室翻转装置是否有效	是	否
2	发动机及附件是否严重漏油、漏水、漏气现象?机油是否有冷却液混入	是	否
3	仪表板是否正常(包括水温、油压、气压等),无故障报警	是	否
4	制动系统是否正常有效,制动不跑偏	是	否
5	行驶中是否存在严重抖动或严重跑偏	是	否
6	存在其他严重事故表征	是	否

对相关证照齐全、表7-5检查项目全部判别为"否"的,或者司法机关委托等特殊要求的

车辆,签署表7-3《二手中型、重型载货车鉴定评估委托书》。

二、鉴定车辆技术状况

参照《二手中型、重型载货车鉴定评估委托书》登记车辆基本情况信息,包括车辆类别、名称、型号、生产厂家、注册登记日期、表征行驶里程等。如果表征行驶里程如与实际车况明显不符,应在《二手中型、重型载货车技术状况表》或《二手中型、重型载货车鉴定评估报告》中推定里程栏填写,及在技术缺陷描述栏予以说明。参照《二手中型、重型载货车鉴定评估委托书》登记车辆重要配置信息,包括各驾驶室、发动机、底盘、电器、上装等。

检查车辆驾驶室骨架、底盘骨架,进行骨架损伤评价并计算骨架系数。按照车辆驾驶室外观与内饰、发动机、底盘、起动与路试、上装共5个项目,如表7-8所示,根据每个项目的评估内容的价值比重,设置不同的项目最高分数值,每个项目又按20%的级差分为5个评价等级,即:优、良、中、下、差。按该表内容顺序检查车辆技术状况,分项目确定车辆技术评价。

辅助评价分数表　　　　　　　　　　　　　表7-8

评价等级	驾驶室外观与内饰	发动机	底盘	起动与路试	上装
优	25	20	20	35	
良	20	16	16	28	
中	15	12	12	21	
下	10	8	8	14	
差	5	4	4	7	

在表7-8中,除上装项目外,其他四个项目最高分合计为100,上装最高评估分数根据车辆结构类型的不同设置不同的分值,如表7-9所示。

不同车型上装分数设置表　　　　　　　　　　表7-9

车辆结构类型	需要独立评估上装评估最高分值	除上装外其他项目分值合计
半挂牵引车	0	100
普通货车、厢式货车、仓栅式货车、封闭货车、平板货车、车辆运输车、上装与驾驶室外观合并评估	0	100
其他特殊结构载货汽车	上装占整车价值比例×100%	100

根据表7-8辅助评价分数表,确定各鉴定项目评价分值。总分值为各个鉴定项目分值累加,即鉴定总分 = ∑评价项目分值。

$$S_t = \sum_{j=1}^{m} S_j \tag{7-1}$$

式中:S_t——鉴定总分;

S_j——评价项目分值。

根据鉴定总分,计算车辆技术状况综合评价分值,即

$$S = \frac{S_t \rho \times 100}{100 + S_{f\max}} \tag{7-2}$$

式中:S——车辆技术状况综合评价分值;

S_t——鉴定总分;

ρ——骨架系数,参照表7-10中的评价基准确定骨架系数;

S_{fmax}——上装最高分数。

车辆技术状况鉴定中,如车辆部件出现缺少(或增加)、损坏(必须进行更换处理)的情况,且价值较大,直接登记在《实体性减值检查登记表》登记,不再另行扣分。减值价值参考当前市场情况酌情计价(包括整个恢复成本),汇总计算总减值价值。

1. 骨架检查

按照图7-5、图7-6查看车辆骨架,根据表7-10、表7-11中描述骨架缺陷,骨架缺陷描述格式为:骨架部分代码+损伤代码+扣分。按照表7-12记录车辆骨架情况,并按照评估基准评价骨架技术等级,确定骨架评价系数值。

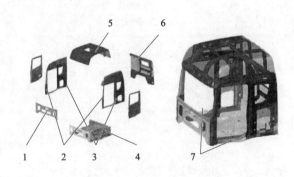

图7-5 驾驶室结构分解图

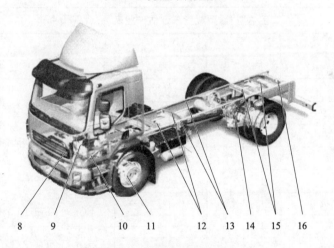

图7-6 底盘骨架结构分解图

骨架技术评价代码表　　　　表7-10

代码	检查项目	代码	检查项目	代码	检查项目
1	前围骨架	7	裙围	13	中纵梁
2	A柱(左右)	8	车架前横梁	14	中后桥
3	后侧围(左右)	9	驾驶室悬挂	15	车架后横梁
4	底板及加强梁	10	前纵梁(左右)	16	后纵梁(左右)
5	车顶	11	前桥		
6	后围板	12	中横梁		

骨架评价基准表 表7-11

损伤种类	代码	损伤程度	扣分	驾驶室损伤内容	底盘损伤内容
碰撞变形	BX	小	1	局部碰撞变形	局部碰撞变形,100cm以内
		中	2	板件1/2以内的碰撞变形	200cm以内变形
		大	3	超过中度损伤的碰撞变形	超过200cm以上变形
修复痕迹	XF	小	1	局部钣金痕迹,或再涂漆痕迹	100cm以内局部钣金痕迹,或再涂漆痕迹
		中	2	板件1/2以内的钣金痕迹,或再涂漆痕迹	200cm以内的钣金痕迹,或再涂漆痕迹
		大	3	超过中度损伤修复的钣金痕迹,或再涂漆痕迹	超过200cm以上的钣金痕迹,或再涂漆痕迹
更换痕迹	GH	小	1		
		中	2		换中横梁
		大	3		换前后横梁,换前桥,或换中后桥
		特大	10	中度以上焊接更换痕迹,或换驾驶室;换前悬架支架	换纵梁

二手中型、重型载货车评估作业表(a.骨架检查) 表7-12

代码	检查项目	扣分 小	扣分 中	扣分 大	缺陷描述	评价基准
1	前围骨架	1	2	3		评估基准(一):适用于骨架评价
2	A柱(左右)	1	2	3		优(1):没有扣2分项目,总扣分不高于5分;
3	后侧围(左右)	1	2	3		良(0.9):不超过3个扣2分项目,总扣分不高于10分;
4	底板	1	2	3		中(0.8):不超过2个扣3分项目,总扣分不高于15分;
5	车顶	1	2	3		下(0.7):不超过4个扣3分项目,总扣分不高于20分;
6	后围板	1	2	3		差(0.6):其他。
7	裙围	1	2	3		车身骨架描述为:
8	前横梁	1	2	3		骨架部位代码+损伤代码+扣分。例如:2XF2对应描述为:A柱(左右)有1/2以内的钣金痕迹,或再涂漆痕迹。
9	驾驶室悬挂	1	2	3		
10	前纵梁(左右)	1	2	3		
11	前桥	1	2	3		损伤代码表:
12	中横梁	1	2	3		
13	中纵梁	1	2	3		
14	中后桥	1	2	3		
15	后横梁	1	2	3		
16	后纵梁(左右)	1	2	3		
	合计扣分				骨架评价等级	骨架系数

损伤代码表:

损伤种类	代码
碰撞变形	BX
修复痕迹	XF
更换痕迹	GH

2. 驾驶室外观与内饰

驾驶室外观部位及对应代码见图 7-7。按表 7-13 驾驶室外观评价作业代码表要求检查。已确认必须要更换的部件,直接在后续的实体性减值检查流程中记录减值价格,不再另外扣分。

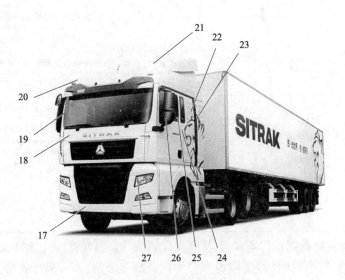

图 7-7 驾驶室外观部位示意图

驾驶室外观评价作业代码表　　表 7-13

代码	外观部位	代码	外观部位	代码	外观部位
17	前保险杠及支架	22	侧围(左右)	27	前照灯(左右)
18	前面罩及左右包角	23	后围	28	上装(限定指定部分车型)
19	前风窗玻璃	24	车门(左右)	29	其他项目
20	车顶	25	门窗玻璃(左右后)		
21	导流板	26	后视镜(左右)		

注：代码 28 项中上装限于制定部分车型结构,包括普通货车、厢式货车、仓栅式货车、封闭货车、平板货车、车辆运输车,上装部分与驾驶室外观部分合并评估。代码 29 项中的其他项目可以包括由于车型差异或价值较低。

使用驾驶室外观缺陷测量工具,结合目测法对驾驶室外观(表 7-15 中项目 17～29)进行检测。根据表 7-13、表 7-14 描述缺陷,外观缺陷的描述格式为：驾驶室外观代码+损伤代码+扣分。例如 19PL2 对应描述为：前风窗玻璃有 3cm 以内的断裂、修复痕迹。扣分栏为无分值框的表示必须要更换的部件,直接在后续的实体性减值检查流程中记录减值价格,不再另外扣分。

驾驶室外观评价分数表　　表 7-14

损伤种类	损伤代码	损伤程度	扣分	驾驶室损伤内容
漆面受损	QM	小	1	面积小于或等于 15cm×15cm
		中	2	面积大于 15cm×15cm 或小于或等于 40cm×40cm
		大	3	面积大于 40cm×40cm

续上表

损伤种类	损伤代码	损伤程度	扣分	驾驶室损伤内容
钣金件受损	BJ	小	1	面积小于或等于10cm×10cm
		中	2	面积大于10cm×10cm或小于或等于30cm×30cm
		大	3	面积大于30cm×30cm
破裂	PL	玻璃 小	1	1cm以内的飞石撞击裂纹
		玻璃 中	—	3cm以内的断裂、修复痕迹
		玻璃 大	3	超过3cm的断裂、修复痕迹,需要更换处理
		塑料玻璃钢 小	1	10cm以内的破损、断裂
		塑料玻璃钢 中	2	20cm以内的破损、断裂
		塑料玻璃钢 大	—	超过20cm的破损、断裂,需要更换处理
修复痕迹	XF	小	1	面积小于或等于15cm×15cm
		中	2	面积大于15cm×15cm或小于或等于40cm×40cm
		大	3	面积大于40cm×40cm

按表7-15内饰检查部位作业表要求检查代码为30～39项目,已确认必须要更换解决的部件,直接在后续的实体性减值检查流程中记录减值价格,不再另外扣分。

二手中型、重型载货车评估作业表(b.驾驶室外观与内饰检查) 表7-15

代码	检查项目	扣分 小	扣分 中	扣分 大	缺陷描述	评价基准
17	前保险杠及支架	1	2	3		
18	前面罩及左右包角	1	2	3		外观缺陷描述为:驾驶室外观代码+损伤代码+扣分。
19	前风窗玻璃	1	2	3		
20	车顶	1	2	3		例如:19PL2对应描述为:前风窗玻璃有3cm以内的断裂、修复痕迹。
21	导流板	1	2	3		
22	侧围(左右)	1	2	3		
23	后围	1	2	3		
24	车门(左右)	1	2	3		代码 / 损伤种类
25	门窗玻璃(左右后)	1	2	3		漆面受损 QM
26	后视镜(左右)	1	2	3		钣金受损 BJ
27	前大灯(左右)	1	2	3		破裂 PL
28	上装(限于指定部分车型)	1	2	3		修复痕迹 XF
29	其他项目	1	2	3		
30	驾驶室是否有异味	1	2	3		
31	内后视镜、座椅、卧铺是否破损、功能正常	1	2	3		评价基准(二):适用于驾驶室外观与内饰评价、起动与路试评价
32	车顶及内饰是否无破损、松动、开裂或有污迹?	1	2	3		优(25):不超过2个扣2分项目,总扣分不高于6分;
33	仪表台及相关附件是否有划痕,无老化	1	2	3		

续上表

代码	检查项目	扣分			缺陷描述	评价基准
		小	中	大		
34	转向盘及管柱是否受损,调整机构是否正常	1	2	3		良(20):不超过1个扣3分项目,总扣分不高于10分; 中(15):不超过3个扣3分项目,总扣分不高于15分; 下(10):不超过5个扣3分项目,总扣分不高于20分; 差(5):其他
35	门窗封条是否良好、无老化,密封是否正常	1	2	3		
36	玻璃窗升降器、门窗工作是否正常	1	2	3		
37	天窗工作是否正常	1	2	3		
38	驻车制动系统性能不正常?安全带结构是否完整、功能是否正常	1	2	3		
39	其他项目	1	2	3		
	其他项目缺陷描述					
	合计扣分				驾驶室外观与内饰评价等级	评价得分

注:其他项目包括由于车型差异或价值较低,上表中没有包含的部位,在评价中可以分别描述并合计打分。

如检查表7-15第38项时发现驻车制动系统性能不正常,或安全带结构不完整或者功能不正常,则应在《二手中型、重型载货车鉴定评估报告》或《二手中型、重型载货车技术状况表》的技术状况缺陷描述中予以注明,并提示修复或更换前不宜使用。根据表7-15中的评价基准表要求,评价驾驶室外观与内饰等级。根据表7-8辅助评价分数表要求,确定项目的评价分值。

3. 发动机检查

按表7-16发动机检查部位作业表要求检查。扣分栏为无分值框的表示必须要更换的部件,直接在后续的实体性减值检查流程中记录减值价格,不再另外扣分。

二手中型、重型载货车评估作业表(c.发动机检查)　　　表7-16

代码	检查项目	扣分			评价基准
		小	中	大	
40	发动机皮带是否有老化	1	2	—	评价基准(三): 优(20):没有扣2分项目,总扣分不高于4分; 良(16):不超过2个扣2分项目,总扣分不高于8分; 中(12):不超过1个扣3分项目,总扣分不高于12分; 下(8):不超过3个扣3分项目,总扣分不高于15分; 差(4):其他
41	散热器、中冷器是否有破损	1	2	3	
42	油管、水管是否有老化、裂痕	1	2	—	
43	线束是否有老化、破损	1	2	—	
44	发动机支撑是否有损坏	1	2	3	
45	(查阅技术档案或检查机油、滤清器和综合车况)发动机是否有正常维护	1	2	3	
46	(查阅技术档案或检查关键螺丝是否拆卸)发动机是否有小修(或等同于小修)记录	1/次			

续上表

代码	检查项目	扣分			评价基准
		小	中	大	
47	（查阅技术档案或检查关键螺钉是否有拆卸）发动机是否有中修（或等同于中修）记录		3/次		
48	（查阅技术档案或检查关键螺钉是否有拆卸）发动机是否有大修（或等同于大修）记录		5/次		
49	其他项目				
	其他项目缺陷描述				
	合计扣分			发动机评价等级	评价得分

注：其他项目包括因车型差异或价值较低，上表中未包含的部位，在评价中描述并合计打分。

根据表7-16中的评价基准表评价发动机的等级。根据表7-8辅助评价分数表要求，确定项目的评价分值。

4. 底盘

按表7-17底盘检查部位作业表要求检查。扣分栏为无分值框的表示必须要更换的部件，直接在后续的实体性减值检查流程中记录减值价格，不再另外扣分。

二手中型、重型载货车评估作业表（d. 底盘检查） 表7-17

代码	检查项目	扣分			评价基准
		小	中	大	
50	减震器是否有渗漏		—		
51	钢板弹簧、吊耳或胶套是否有损坏		—		
52	底盘是否有漏液	1	2	3	评价基准（三）： 优(20)：没有扣2分项目，总扣分不高于4分； 良(16)：不超过2个扣2分项目，总扣分不高于8分； 中(12)：不超过1个扣3分项目，总扣分不高于12分； 下(8)：不超过3个扣3分项目，总扣分不高于15分； 差(4)：其他
53	底盘气管有无老化、裂痕	1	2	3	
54	底盘线束有无老化、破损	1	2	3	
55	转向拉杆、平衡杆等是否有变形	1	2	3	
56	传动轴是否有修复痕迹	1	2	3	
57	变速箱外壳和悬吊支架是否有变形或损坏	1	2	3	
58	中后桥壳是否有变形、损坏或渗漏	1	2	3	
59	后保险杠是否损坏	1	2	3	
60	轮胎是否有严重磨损	1/条	2/条	—	
61	钢圈是否有严重变形	1/个	2/个	—	
62	其他项目				
	其他项目缺陷描述				
	合计扣分			底盘评价等级	评价得分

注：其他项目包括因车型差异或价值较低，上表中未包含的部位，在评价中描述并合计打分。

按表 7-17 中的评价基准表,评价底盘的等级。根据表 7-8 辅助评价分数表要求,确定项目的评价分值。

5. 起动与路试

按表 7-18 起动与路试检查项目作业表要求检查。

二手中型、重型载货车评估作业表(e.起动与路试检查)　　　表 7-18

代码	检查项目		扣分			评价基准
			小	中	大	
63	发动机	起动是否顺畅(时间少于5s,或一次起动)	1	2	3	
64		发动机在冷、热车条件下急速运转是否稳定	1	2	3	
65		急速运转时发动机是否异响,空挡状态下逐渐增加发动机转速,发动机声音过渡是否无异响	1	2	3	评价基准(二):适用于驾驶室外观与内饰评价、起动与路试评价
66		车辆排气是否无异常?消声器是否有异响	1	2	3	优(35):不超过2个扣2分项目,总扣分不高于6分;
67		发动机是否存在异常振动	1	2	3	良(28):不超过1个扣3分项目,总扣分不高于10分;
68	电器与设施	音响系统是否工作正常	1	2	3	中(21):不超过3个扣3分项目,总扣分不高于15分;
69		灯光系统是否工作正常	1	2	3	下(14):不超过5个扣3分项目,总扣分不高于20分;
70		刮水系统是否工作正常	1	2	3	差(7):其他
71		空调系统是否工作正常	1	2	3	
72	底盘	变速器换挡工作是否正常,无异响或抖动	1	2	3	
73		离合器结合是否顺畅、无异响或抖动	1	2	3	
74		储气系统工作是否正常	1	2	3	
75		正常行驶中是否有跑偏、异响、抖动等现象	1	2	3	
76		转向系统工作是否异常	1	2	3	
77		悬架系统工作是否异常	1	2	3	
78		其他项目	1	2	3	
	其他项目缺陷描述					
	合计扣分		起动与路试评价等级			评价得分

注:其他项目包括因车型差异或价值较低,上表中未包含的部位,在评价中描述并合计打分。

根据表 7-18 中的评价基准表,评价起动与路试项目的等级。根据表 7-8 辅助评价分数表要求,确定项目的评价分值。

6. 上装

当车辆结构类型为自卸车、罐式货车及其他上装为高附加值的情况,根据上装占车辆总价值比重,确定上装评估的最高分值,按照表7-19如实描述上装配件的缺陷,并在表7-8辅助评价分数表的上装列中,参考上装制造厂家的技术标准进行简要评估,确定各评估等级的分值。

二手中型、重型载货车技术评估作业表(f.上装检查)　　　　表7-19

上装缺陷描述			
合计扣分		上装评价等级	评价得分

7. 实体性减值检查

车辆技术状况鉴定中,如车辆部件出现缺少(或增加)、损坏(必须进行更换处理)的情况,且价值较大,直接登记在《实体性减值检查登记表》(表7-20)进行登记,不再另行扣分。减值价值参考当前市场情况酌情计价(包括整个恢复成本),汇总计算总减值价值。

二手中型、重型载货车技术评估作业表(g.实体性减值检查)　　　　表7-20

类　　别	零部件名称 (以下内容为示例)	缺陷描述	减值价值
一、驾驶室零部件	遮阳罩		
	导流罩		
	……		
二、发动机及底盘零部件	油管		
	减振器		
	……		
三、其他	随车工具		
	轮胎		
	……		
四、上装与改装	缓速器		
	车载冰箱		
	……		
总减值价值			

第五节　二手商用车价值评估

二手商用车所采用的价值评估方法仅有两种:现行市价法、重置成本法。

优先选用现行市价法,在无参照物、无法使用现行市价法的情况下,选用重置成本法。使用现行市价法时,所选取的二手商用车参照车辆是至关重要的,选用相同车型、配置和相同技术状况鉴定检测分值的车辆近期交易价格。若找不到参照车辆,可从本区域近期的交易记录中调取相同车型、相近分值,或从相邻区域的成交记录中调取相同车型、相近分值的成交价格,并结合车辆技术状况鉴定分值加以修正。

当无任何参照车辆时,选用重置成本法计算,按照本书第三章的内容,计算方法为:

$$P = (P_r - P_u) \cdot C_y \cdot C_t \cdot \gamma \quad (7\text{-}3)$$

式中:P——二手商用车的评估价值;

P_r——该二手商用车的更新重置成本;

C_t——技术成新率;

C_y——使用年限成新率;

γ——调整系数,根据车辆评估车辆区域、品牌、使用工况等差异情况适当调整评估价值。

其中使用年限成新率 C_y 采用双倍余额递减折旧法和平均年限折旧法相结合的方式。即二手商用车使用的最初 1~2 年采用双倍余额递减折旧法,其他年份采用平均年限折旧法。双倍余额递减折旧法如下式

$$C_n = \left(1 - \frac{2}{N}\right)^n \quad (7\text{-}4)$$

$$C_{nm} = C_{n-1} - \frac{(C_{n-1} - C_n) \times m}{12} \quad (7\text{-}5)$$

式中:N——车辆使用年限按 10 年计算折旧;

C_n——该二手商用车的第 n 年末的年限成新率,自卸汽车、水泥搅拌车第 1 年($n=1$)按双倍余额递减法,剩余 9 年按照平均年限折旧法,其他中、重型载货车前 2 年($n=2$)按双倍余额递减法,剩余 8 年按平均年限折旧法;

C_{nm}——第 n 年第 m 月的成新率,n 取值第 1~2 年,m 取值第 1~12 月。

除自卸汽车、水泥搅拌车按照第 1 年双倍余额递减法计算,中、重型载货车按照前 2 年双倍余额递减法计算外,剩余 8~9 年均采用平均年限折旧法计算,计算方法为:

$$C_n = C_2 - \frac{C_2 - C}{N - n + 1} \quad (7\text{-}6)$$

$$C_{nm} = C_{n-1} - \frac{(C_{n-1} - C_n) \times m}{12} \quad (7\text{-}7)$$

式中:C——车辆净残值率,取值 5%;

C_n——该二手商用车的第 n 年末的年限成新率,自卸汽车、水泥搅拌车 $n=2,3,\cdots,10$;中、重型载货车按 $n=3,4,\cdots,10$;

C_{nm}——第 n 年第 m 月的成新率,m 取值第 1~12 月。

中型、重型载货汽车使用年限内的成新率速查表,见表 7-21;自卸汽车、水泥搅拌车使用年限内的成新率速查表,见表 7-22。

中型、重型载货汽车使用年限内的成新率速查表(除自卸汽车、水泥搅拌车) 表7-21

年限	1年	2年	3年	4年	5年	6年	7年	8年	9年	10年
成新率(%)	80.0	64.0	56.6	49.3	41.9	34.5	27.1	19.8	12.4	5.0
1月(%)	98.3	78.7	63.4	56.0	48.6	41.3	33.9	26.5	19.1	11.8
2月(%)	96.7	77.3	62.8	55.4	48.0	40.6	33.3	25.9	18.5	11.1
3月(%)	95.0	76.0	62.2	54.8	47.4	40.0	32.7	25.3	17.9	10.5
4月(%)	93.3	74.7	61.5	54.2	46.8	39.4	32.0	24.7	17.3	9.9

续上表

年限	1年	2年	3年	4年	5年	6年	7年	8年	9年	10年
5月(%)	91.7	73.3	60.9	53.6	46.2	38.8	31.4	24.1	16.7	9.3
6月(%)	90.0	72.0	60.3	52.9	45.6	38.2	30.8	23.4	16.1	8.7
7月(%)	88.3	70.7	59.7	52.3	44.9	37.6	30.2	22.8	15.4	8.1
8月(%)	86.7	69.3	59.1	51.7	44.3	37.0	29.6	22.2	14.8	7.5
9月(%)	85.0	68.0	58.5	51.1	43.7	36.3	29.0	21.6	14.2	6.8
10月(%)	83.3	66.7	57.9	50.5	43.1	35.7	28.4	21.0	13.6	6.2
11月(%)	81.7	65.3	57.2	49.9	42.5	35.1	27.7	20.4	13.0	5.6
12月(%)	80.0	64.0	56.6	49.3	41.9	34.5	27.1	19.8	12.4	5.0

自卸汽车、水泥搅拌车使用年限内的成新率速查表　　表 7-22

年限	1年	2年	3年	4年	5年	6年	7年	8年	9年	10年
成新率(%)	80.0	71.7	63.3	55.0	46.7	38.3	30.0	21.7	13.3	5.0
1月(%)	98.3	79.3	71.0	62.6	54.3	46.0	37.6	29.3	21.0	12.6
2月(%)	96.7	78.6	70.3	61.9	53.6	45.3	36.9	28.6	20.3	11.9
3月(%)	95.0	77.9	69.6	61.3	52.9	44.6	36.3	27.9	19.6	11.3
4月(%)	93.3	77.2	68.9	60.6	52.2	43.9	35.6	27.2	18.9	10.6
5月(%)	91.7	76.5	68.2	59.9	51.5	43.2	34.9	26.5	18.2	9.9
6月(%)	90.0	75.8	67.5	59.2	50.8	42.5	34.2	25.8	17.5	9.2
7月(%)	88.3	75.1	66.8	58.5	50.1	41.8	33.5	25.1	16.8	8.5
8月(%)	86.7	74.4	66.1	57.8	49.4	41.1	32.8	24.4	16.1	7.8
9月(%)	85.0	73.8	65.4	57.1	48.8	40.4	32.1	23.8	15.4	7.1
10月(%)	83.3	73.1	64.7	56.4	48.1	39.7	31.4	23.1	14.7	6.4
11月(%)	81.7	72.4	64.0	55.7	47.4	39.0	30.7	22.4	14.0	5.7
12月(%)	80.0	71.7	63.3	55.0	46.7	38.3	30.0	21.7	13.3	5.0

根据综合评价分值,按表 7-23 确定车辆对应的技术状况等级,技术鉴定成新率的计算方法为:

$$C_t = \frac{S}{100} \tag{7-8}$$

式中:C_t——技术成新率;

S——车辆技术状况综合评价分值。

车辆技术状况等级分值对应表　　表 7-23

技术状况等级	分值区间
一级	鉴定总分≥90
二级	60≤鉴定总分<90
三级	20≤鉴定总分<60
四级	鉴定总分<20

根据车辆技术状况评估、实体性减值检查以及价值评估结果等情况,撰写《二手中型、重型载货车鉴定评估报告》,做到内容完整、客观、准确,书写工整。按委托书要求,及时向客户出具撰写后的《二手中型、重型载货车鉴定评估报告》,并由鉴定评估人与复核人签字、签订评估机构加盖公章。

二手中型、重型载货汽车鉴定评估报告

_____鉴定评估机构评报字(年 月 日)第___号

一、绪言

_____(鉴定评估机构)接受_____的委托,根据国家有关评估及《中华人民共和国资产评估法》《二手车流通管理办法》《二手中型、重型载货车鉴定评估技术规范》的规定,本着客观、独立、公正、科学的原则,按照公认的评估方法,对牌号为_____的车辆进行了鉴定。本机构鉴定评估人员按照必要的程序,对委托鉴定评估的车辆进行了实地查勘与市场调查,并对其在____年____月____日所表现的市场价值作出了公允反映。

二、委托方信息

委托方:_____ 委托方联系人:_____
联系电话:_____ 车主姓名/名称:_____

三、鉴定评估基准日 _____年___月___日

四、鉴定评估车辆信息

厂牌型号:_____ 牌照号码:_____
发动机号:_____ 车辆 VIN 码:_____
车身颜色:_____ 表征里程:_____km 推定里程:_____km
初次登记日期:____年___月 年审检验合格至:____年___月
交强险截止日期:____年___月 车船税截止日期:____年___月
是否查封、抵押车辆:□是 □否 车辆购置税(费)证:□有 □无
机动车登记证书:□有 □无 机动车行驶证:□有 □无
未接受处理的交通违法记录:□有 □无
使用性质:□公务用车 □家庭用车 □营业性用车 □出租车 □其他:____

五、技术鉴定结果

技术状况缺陷描述:_____
重要配置及参数信息:_____
技术状况鉴定等级:_____ 等级描述:_____

六、价值评估

价值估算方法:□现行市价法 □重置成本法 □其他_____
价值估算结果:车辆评估价值为人民币_____元,金额大写:_____

七、特别事项说明[1]

无。

八、鉴定评估报告法律效力

本鉴定评估结果可以作为作价参考依据。本项鉴定评估结论有效期为30天,自鉴定评估基准日至_____年_____月_____日止。

九、声明

(1)本鉴定评估机构对该鉴定评估报告承担法律责任;

(2)本报告所提供的车辆评估价值为评估基准日的价值;

(3)该鉴定评估报告的使用权归委托方所有,其鉴定评估结论仅供委托方为本项目鉴定评估目的使用和送交二手车鉴定评估主管机关审查使用,不适用于其他目的,否则本鉴定评估机构不承担相应法律责任;因使用本报告不当而产生的任何后果与签署本报告书的鉴定评估人员无关;

(4)本鉴定评估机构承诺,未经委托方许可,不将本报告的内容向他人提供或公开,否则本鉴定评估机构将承担相应法律责任。

附件

一、二手车中型、重型载货车鉴定评估委托书
二、二手车中型、重型载货车技术状况鉴定作业表
三、车辆行驶证、机动车登记证书证复印件
四、被鉴定评估二手中型、重型载货车照片

二手车鉴定评估师(签字、盖章)_____　　　　　复核人[2](签字、盖章)_____
　　　　　年　　月　　日　　　　　　　　　　　　(二手车鉴定评估机构盖章)
　　　　　　　　　　　　　　　　　　　　　　　　　　年　　月　　日

[1]特别事项是指在已确定鉴定评估结果的前提下,鉴定评估人员认为需要说明在鉴定过程中已发现可能影响鉴定评估结论,但非鉴定评估人员执业水平和能力所能鉴定评定估算的有关事项以及其他问题。

[2]复核人是指具有高级二手车鉴定评估师资格的人员。

备注:1.本报告书和作业表一式三份,委托方二份,受托方一份;
　　　2.鉴定评估基准日即为《二手车鉴定评估委托书》签订的日期。

撰写《二手中型、重型载货汽车鉴定评估报告》后,提交委托方,并将评估过程文件独立汇编成册,存档备查,即包括:

(1)二手中型、重型载货车鉴定评估委托书;
(2)二手中型、重型载货车技术状况表;
(3)二手中型、重型载货车技术评估作业表;
(4)二手中型、重型载货车鉴定评估报告。

档案保存一般不低于5年,鉴定评估目的涉及财产纠纷的,其档案至少应当保存10年,法律法规另有规定的,从其规定。

参考文献

[1] 杜建.汽车评估[M].北京:人民交通出版社,2008.

[2] 鲁植雄.旧机动车鉴定评估[M].2版.北京:人民交通出版社,2013.

[3] 庞昌乐.二手车评估与交易实务[M].北京:北京理工大学出版社,2012.

[4] 史文库,姚为民.汽车构造[M].6版.北京:人民交通出版,2013.

[5] 余志生.汽车理论[M].北京:机械工业出版社,2009.

[6] 陈焕江,崔淑华.汽车检测与诊断技术[M].2版.北京:人民交通出版社股份有限公司,2015.

[7] 杜丹丰.汽车试验学[M].2版.北京:人民交通出版社股份有限公司,2017.

[8] 中国公路学会客车分会.客车新技术与新结构[M].北京:人民交通出版社股份有限公司,2016.

[9] 叶敏.电动汽车再生制动及其控制技术[M].北京:人民交通出版社,2013.

[10] 储江伟.汽车再生工程[M].2版.北京:人民交通出版社股份有限公司,2017.

[11] 于明进.汽车服务工程专业英语[M].2版.北京:人民交通出版社股份有限公司,2017.

[12] Erich Hoepke,Stefan Breuer.中国第一汽车股份有限公司技术中心开发策划与科技信息部,译.商用车技术:原理、系统和部件[M].北京:北京理工大学,2016.

[13] Erich Hoepke.朱思宏,缪小红,译.载货汽车技术[M].2版.北京:机械工业出版社,2009.

[14] 中国汽车技术研究中心.中国新能源汽车产业发展报告[M].北京:机械工业出版社,2009.

[15] 缑庆伟,李卓.新能源汽车原理与检修[M].北京:机械工业出版社,2017.

[16] 罗峰,孙泽昌.汽车CAN总线系统原理、设计与应用[M].北京:电子工业出版社,2010.

[17] 王庆年,曾小华.新能源汽车关键技术[M].北京:化学工业出版社,2017.

[18] 麻友良.新能源汽车动力电池技术[M].北京:北京大学出版社,2016.

[19] 何太平.LNG载货汽车设计、使用与维修.新能源汽车原理与检修[M].北京:机械工业出版社,2014.